Rebenland
Ein Jahr im Weinberg

Rebenland
Ein Jahr im Weinberg

Mit einem Text von Dr. Theo Becker

Pfälzische Verlagsanstalt

1990
Alle Rechte vorbehalten
© Pfälzische Verlagsanstalt GmbH, Landau/Pfalz
Gestaltung: Michael Weiland, Mannheim
Fotos von Karlheinz Schmeckenbecher, Landau,
außer Seiten 8 (2), 9 (unten), 14, 16, 17, 18, 20, 21, 23 (2), 29,
32, 37, 38, 39 (3), 41 (2), 45, 47, 48, 56 (unten), 59, 77, 80:
Archiv Dr. Theo Becker, Deidesheim
Gesamtherstellung: Pfälzische Verlagsanstalt GmbH,
Landau/Pfalz
ISBN 3-87629-155-0

Frühling	6
Sommer	34
Herbst	54
Winter	70

Frühling

Der vielbesungene Frühling, in dem "die Bäume sprießen" und das Blut in den Adern dünner wird und schneller fließt, hat in der Natur viele Haken und Ösen. Mit Aprilwetter wird im Volksmund alles abgetan, was unbeständig und außer der Reihe ist, aber wer auch nur einen kleinen Garten hat oder Balkonkästen mit Blumen bepflanzt, zieht vor den Eisheiligen (12. Mai Pankratius, 13. Mai Servatius, 14. Mai Bonifatius und 15. Mai Kalte Sophie) das Genick ein. Sie sind späte Ausläufer des Winters und schlagen nicht selten fürchterlich zu. So können z.B. die von der Frühlingssonne hervorgelockten Triebe schon im vierten oder fünften Blatt stehen und schlagartig durch einen nur wenige Stunden dauernden, meist nächtlichen Kälteüberfall total vernichtet werden. Minus 1 bis minus 2 Grad Celsius werden oft noch vertragen, aber bei allem, was darunter liegt, bricht jeder Widerstand zusammen. Die jungen zarten Zellen der grünen Blätter platzen, und wenn die Sonne am folgenden Mittag scheint, können ganze Gemarkungen braun aussehen, wo vorher leuchtend grüne Triebe blinkten. Da die Kaltluft schwerer ist als warme Luft, sinkt sie nach unten ab, und jede Vertiefung und Mulde bildet einen Kältesee, wo die Erfrierungsgefahr größer ist als auf zugiger Höhe. Überhaupt wirkt der Wind wie jede Luftbewegung, z.B. nahe stark befahrener Straßen, dem Frost entgegen. Er vermischt nämlich die Luftschichten ständig, und die Reben bewegen sich, fächeln sich dabei Wärme zu und halten den Saftstrom in Bewegung, damit er nicht zu Eis erstarren kann. Deswegen schlagen wir ja auch die Arme um den Körper oder reiben die Hände, wenn wir frieren. Schlaue Winzer lassen deshalb auch die geschnittenen Rebtriebe senkrecht hochstehen und binden sie erst nach den Eisheiligen an den Drahtrahmen nach unten. Die hochstehenden Augen haben eher eine Chance, über dem Kältesee zu stehen und zu überleben, oder einfach durch Hin- und Herbewegung in der Luft dem Frosttod zu entgehen.

Die Natur leuchtet und strahlt mit den ersten blühenden Mandelbäumen. Sie sind die Vorboten einer beginnenden Vegetation.

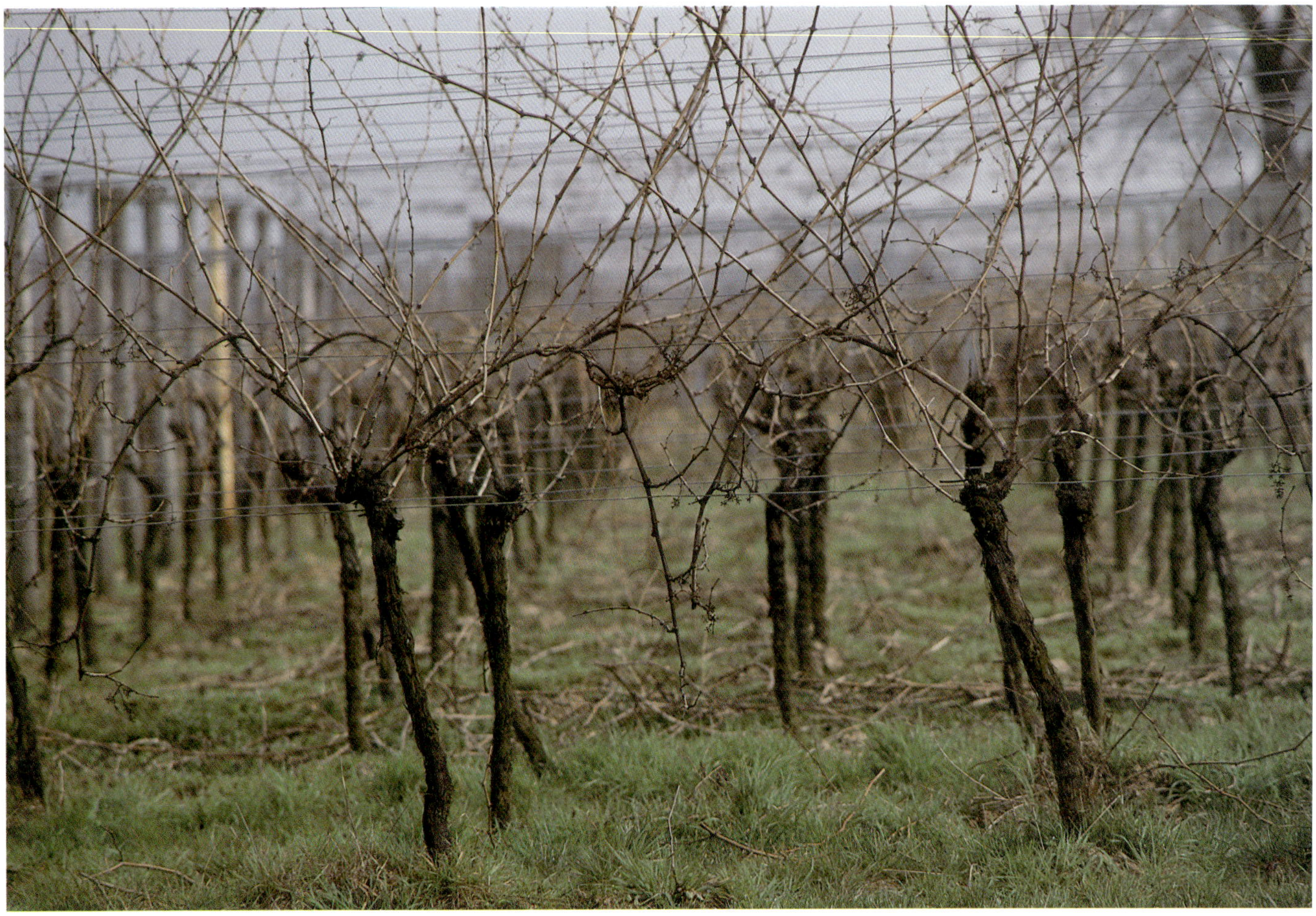

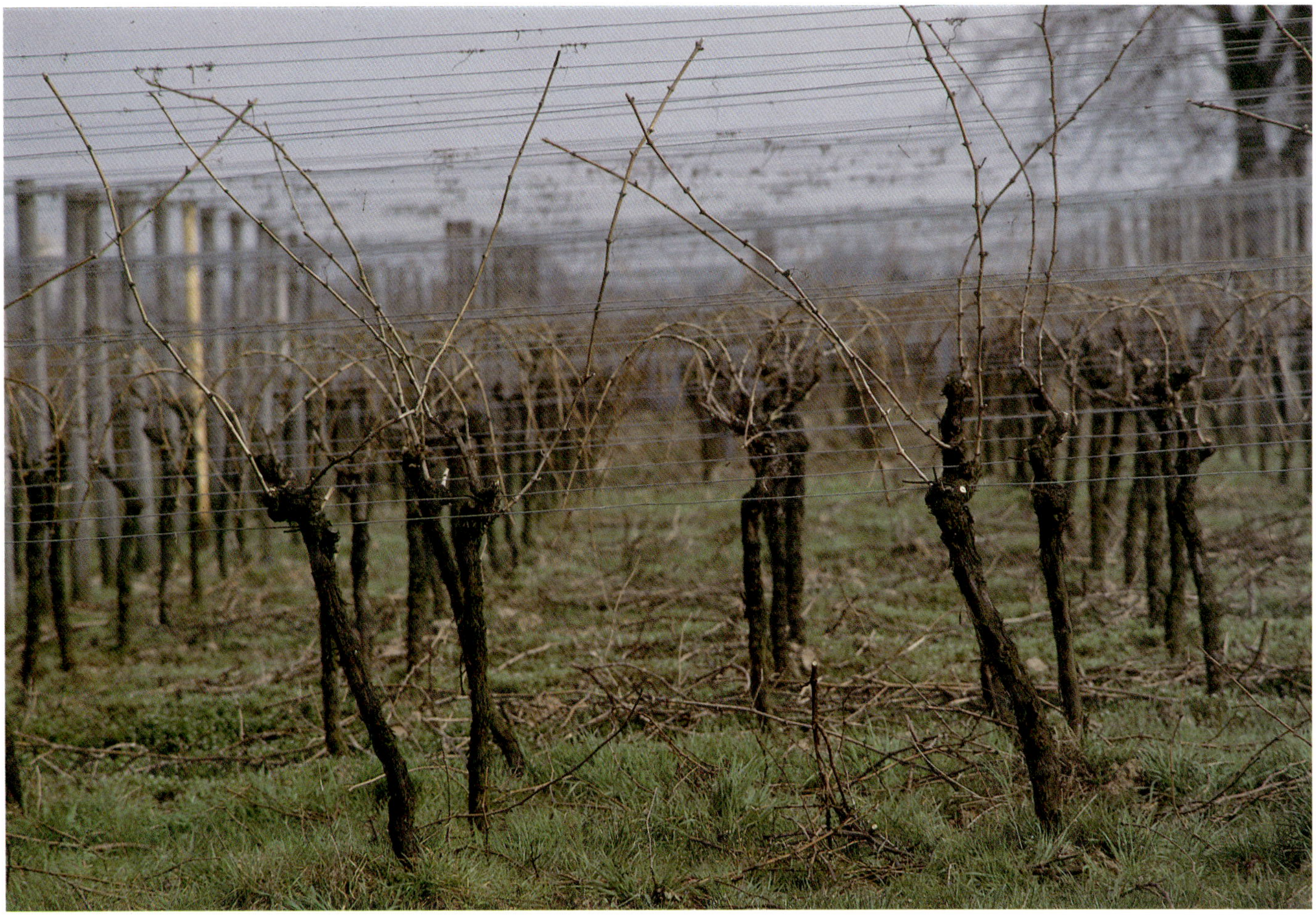

Linke Seite: Eine fünf- bis sechsjährige Rebe vor und nach dem Schnitt. Der Schnitt bestimmt oft schon die Qualität. Acht bis zehn Augen pro qm Standfläche sollten nicht überschritten werden.

An großen, tief in den Boden gesetzten Sandsteinen und dicken Holzstickel werden die schweren Rebzeilen befestigt. Das Reben- und Traubengewicht und der starke Winddruck verlangen eine massive Verankerung.

Der Drahtrahmen ist ein teures Gerüst, das den Rebstock sein Leben lang stützt. Er muß ständig gewartet und ausgeflickt werden. Sein Neuwert liegt zwischen 20.000 bis 30.000 DM je ha.

Das traditionelle Bindematerial, mit dem die Bogreben an den Biegedraht angebunden werden, sind junge Weidentriebe. Sie müssen frisch und saftig sein, damit sie sich gut biegen und knüpfen lassen. Wer dies nicht mehr kann, nimmt Kunststoffbänder oder zugeschnittene Papierkordel mit Drahteinlage.

Das Anbinden mit Weiden will gelernt sein. Neben flinken Fingern gehört ein scharfes Messer zu dieser Arbeit.

Die Rebe wird nach dem Schnitt gebogen, damit der Saft sich staut und der Fruchtansatz begünstigt wird (siehe Spindelbusch im Obstanbau). Dies ist z. Z. noch reine Handarbeit, die im zeitigen Frühjahr durchgeführt werden muß.

Beim Aufbau des jungen Stockes muß Form und Fasson gewahrt werden. Bei der meist maschinellen Bewirtschaftung müssen die Anlagen maschinengerecht aufgebaut sein.

Übrigens hat der General Frost nicht nur Napoleon vor Moskau besiegt, sondern auch die Grenze des Rebenanbaus vor Jahrhunderten bei uns schon festgelegt. Dabei spielt zwar die kalte Winterperiode eine bedeutende Rolle, aber noch mehr sind die regelmäßigen Frühjahrsfröste an dieser Grenzziehung beteiligt. Was der Winter noch durchläßt, kann von ihnen nachträglich noch berichtigt werden, weswegen tatsächlich weniger gefährdete Lagen immer am Hang liegen, wo die Kaltluft abfließt und keinen Schaden anrichten kann. Wehe aber, wenn Eisenbahn- oder Straßendämme oder auch durchgehende Häuserreihen den Kaltluftabfluß bremsen. Sofort bilden sich Kältestaus, in deren Bereich sich Frostschäden unabhängig von der tatsächlichen Höhenlage ausbreiten. Also sind Straßen- und Städtebauer auch oft schuld daran, wenn ganze Landstriche plötzlich zu Frostzonen werden. Unzählige Beispiele im Weinbau wie in Gemüseanbaugebieten geben Zeugnis, daß Architekten wie Verkehrsplaner gegen die Natur gewirkt haben und der Landwirt dafür die Rechnung zu zahlen hat. Sie sollten dabei auch daran denken, daß die Kaltluft wie ein zäher, dicker Brei nur langsam fließt und Mauerdurchlässe wie Straßenviadukte mindestens 15 Meter breit sein müssen, wenn die dicke Kaltluft in Fluß bleiben soll. Bei schmäleren Durchgängen ist die Bildung von Kälteteichen unvermeidlich. Weitgeöffnete massive Hoftore bieten den vorzeitig herausgestellten Kübelpflanzen in Frostnächten des Frühjahrs oft mehr Schutz als ein flüchtig über die Pflanzen gedeckter Kunststoffsack.

Ein seltenes Naturschauspiel: Blutende Reben werden durch Spätfrost im Frühjahr überrascht. Der an der Schnittstelle auslaufende Zellsaft gefriert zu großen Eiszapfen.

Trotzdem soll man wissen, daß die Natur auf solche Kälteschocks sich vorbereitet hat. So hat die Rebe neben dem Hauptauge der Triebe jeweils zwei links und rechts liegende Nebenaugen oder gar am Trieb selbst unsichtbare schlafende Augen, die oft während der Vegetation kaum oder nur wenig zum Zuge kommen. Sobald das Hauptauge aber erfroren ist, treiben diese Ersatzaugen und erhalten dadurch die Art. Dies geschieht also aus einem gewissen Selbsterhaltungstrieb und bringt vegetationsmäßig nur eine Verzögerung von drei bis vier Wochen, die der Nachtrieb oft sogar noch aufholen kann oder durch eine spätere Erntezeit wettmacht. Hier allerdings zeigen sich oft gerade bei den Reben große Sortenunterschiede. Ausgetriebene sogenannte schlafende Augen haben in der Regel keine Trauben. Bei den nachfolgenden Beiaugen ist bei Riesling, Silvaner, Traminer u.a. auch kaum ein Fruchtansatz vorhanden, bei Müller-Thurgau hingegen ist zum mindesten noch ein Drittel eines Normalertrages zu erwarten, dessen Qualität bei einem hinausgeschobenen Lesetermin durchaus im guten Bereich liegen kann. Frühe Sorten sind in solchen Fällen den spätreifenden überlegen, weil ein verzögerter Erntetermin den Ausgleich schaffen kann. Diese Tatsache ist mit ein Grund, weswegen der Müller-Thurgau einen so hohen Flächenanteil in kurzer Zeit erreichen konnte, denn seine Risikofaktoren sind in der Praxis einfach leichter zu verkraften.

So ändert sich das Bild eines Wingerts vor und nach dem Schnitt bis hin zum gebändigten Fruchtholz, das am Stock verbleibt und am Drahtrahmen fixiert wird. Es gehört ein gutes Auge dazu, den richtigen Trieb auszuwählen und stehen zu lassen und dabei die Form des Stockes zu bewahren oder ihn nach Bedarf sogar zu korrigieren und zu verjüngen.

Linke Seite: Über 90 % des im Vorjahr gewachsenen Holzes wird abgeschnitten. Meist bleibt nur eine Bogrebe und ein kleiner Ersatzzapfen am Rebstamm zurück. Der Holzabfall wird maschinell zerkleinert und im Naturrecycling dem Boden als wertvoller Humus wieder zugeführt.

Durch den natürlichen Saftdruck der blutenden Rebe im Frühling wird der über die Schnittstelle gebundene Autoschlauch wie ein Luftballon aufgeblasen. Der Druck wird dabei so stark, daß der Schlauch platzt.

Nun noch zur Kraft, die im Rebstock steckt und ihn zur Symbolpflanze der Vitalität und Fruchtbarkeit schlechthin gemacht hat. Er reagiert sehr sensibel auf seine Umgebung und als Dauerkultur besonders auf die Feuchtigkeit und Temperatur seines Standortes. Nasse, schwere Böden haben daher immer einen späten Austrieb zur Folge, weil sie weniger luftdurchlässig sind und lange kalt bleiben. Leichte, "hitzige" Böden erwärmen sich dagegen schneller, was stets einen früheren Austrieb bedeutet. So kann allein aus diesen Signalen für den Kundigen etwas über die Bodenbonität und den Wasserhaushalt abgelesen werden. Wenn die Bodentemperatur etwa acht Grad Celsius erreicht hat, beginnt der Wurzeldruck beim Rebstock, durch den Wasser mit Nährstoffen durch die Leitbahnen des Stammes nach oben gedrückt wird. Bei zwölf Grad Celsius im Boden läuft diese von den feinen Faserwurzelspitzen ausgehende Pumpe auf vollen Touren, und beim oberirdischen Rebschnitt spritzen dabei die Triebe oft bei jeder Verletzung. So registriert der Rebstock nämlich den form- und ertragbringenden Eingriff und versucht, in den folgenden Monaten durch intensives Nachwachsen den Holzverlust wettzumachen.

Die Rebe blutet an der Schnittstelle und verliert dabei nicht selten einen Liter Saft am Tag. Sie beweist, daß das überwinternde Holz nicht tot ist, sondern geradezu darauf wartet, bis die Natur zu einer neuen Wachstumsperiode ruft.

Wir sind die Nutznießer dieser natürlichen Veranlagung und verdanken ihr die spätere Bildung und Reife der Trauben. Zuerst allerdings blutet der Rebstock an der Schnittstelle und kann dabei bis zu einem Liter Saft pro Stock und Tag verlieren. Diese milchige Flüssigkeit besteht nicht nur aus Wasser, sondern führt auch gelöste Nährsalze, Stickstoffverbindungen und Kohlehydrate mit. Bevor dieser dicke Zellsaft an der Schnittstelle die Leitbahnen verschmiert und schließlich verstopft und verschließt, kann dort ein Druck von sechs bis sieben atü gemessen werden. Die Kraft ist so stark, daß ein über die Schnittstelle gebundener Autoschlauch innerhalb weniger Stunden platzt, weil er dem Druck nicht standhalten kann. Dies vermittelt zur Genüge die Gewalt, die im Rebstock verborgen ist und bei beginnender Vegetation freigesetzt wird.

Nur das grüne Blatt mit intaktem Chlorophyllgehalt kann assimilieren, d. h. Zucker bilden. Die von Spinnmilben befallenen rot-braunen Blätter verbrauchen nur noch Nährstoffe, ohne selbst Zucker zu produzieren.

Diese Kraft sieht man oft auch in der Verformung der jungen Blätter in der Austriebsphase bis zur Sommerperiode. Sie wölben sich oft zwischen den Blattadern auf, was auf den überhöhten Saftdruck in den Zellen zurückzuführen ist, der von den langsamer wachsenden härteren Adersträngen kaum gebändigt werden kann. Zellaufwerfungen dieser Art haben also nichts mit Kräuselmilbenschäden zu tun, obwohl der optische Eindruck daran erinnern mag. Es fehlt dabei aber die Stichstelle, die beim wirklichen Milbenbefall im durchscheinenden Blatt deutlich sichtbar wäre, wie auch die löffelförmige Verformung der Blattränder an den Triebspitzen. Schon eher Schädlingseier könnten die bei starkem Saftdruck zu beobachtenden kleinen "Perldrüsen" sein, die an Blattstielen und Adern in Vielzahl zu beobachten sind. Es handelt sich dabei um ca. zwei Millimeter Durchmesser große neugebildete Blatthaare, die prall mit hellem Saft gefüllt sind und sich bei nachlassendem Zelldruck (Turgor) wieder zurückbilden. Aus dem gleichen Grund bilden sich nicht nur bei Reben, sondern auch bei vielen anderen Pflanzen, wie Blumen oder Ziergewächsen aller Art, an den Blatträndern kleine Flüssigkeitsperlen, die im Sonnenlicht wie Schweißtropfen schillern. Sie bestehen aus Zellflüssigkeit, die aus dem Gewebe herausgedrückt wird, was die Botanik Guttation nennt, und bei höheren Tagestemperaturen wieder verdunstet. Sie hinterlassen dabei einen sichtbaren hellen Rand, der wie ein Spritzbelag aussieht, aber aus eingetrockneten Zellinhaltsstoffen besteht.

Lederbeeren werden die von dem Peronosporapilz zerstörten Trauben genannt. Sie bedeuten einen mengenmäßigen Ernteverlust und können auch den Geschmack von Most und Wein negativ beeinflussen.

Das junge, frische und saftige Grün kurz nach dem Austrieb läßt die Wingert im Sonnenlicht wunderschön "blinken".

Blattgalle einer Amerikanerrebe, gefüllt mit hunderten Reblauseiern.

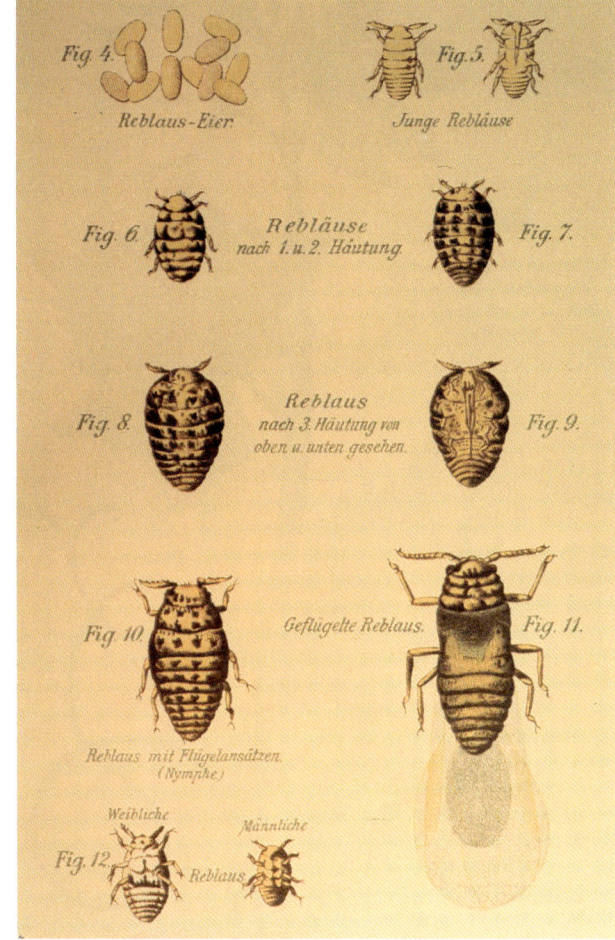

Die Entwicklung der Rebläuse vollzieht sich vorwiegend im unterirdischen Kreislauf der ungeflügelten Tiere. Aus diesem kann sich ein oberirdischer Zyklus mit geflügelten Läusen entwickeln, der allerdings nur die Blätter der Amerikanerrebe befällt.

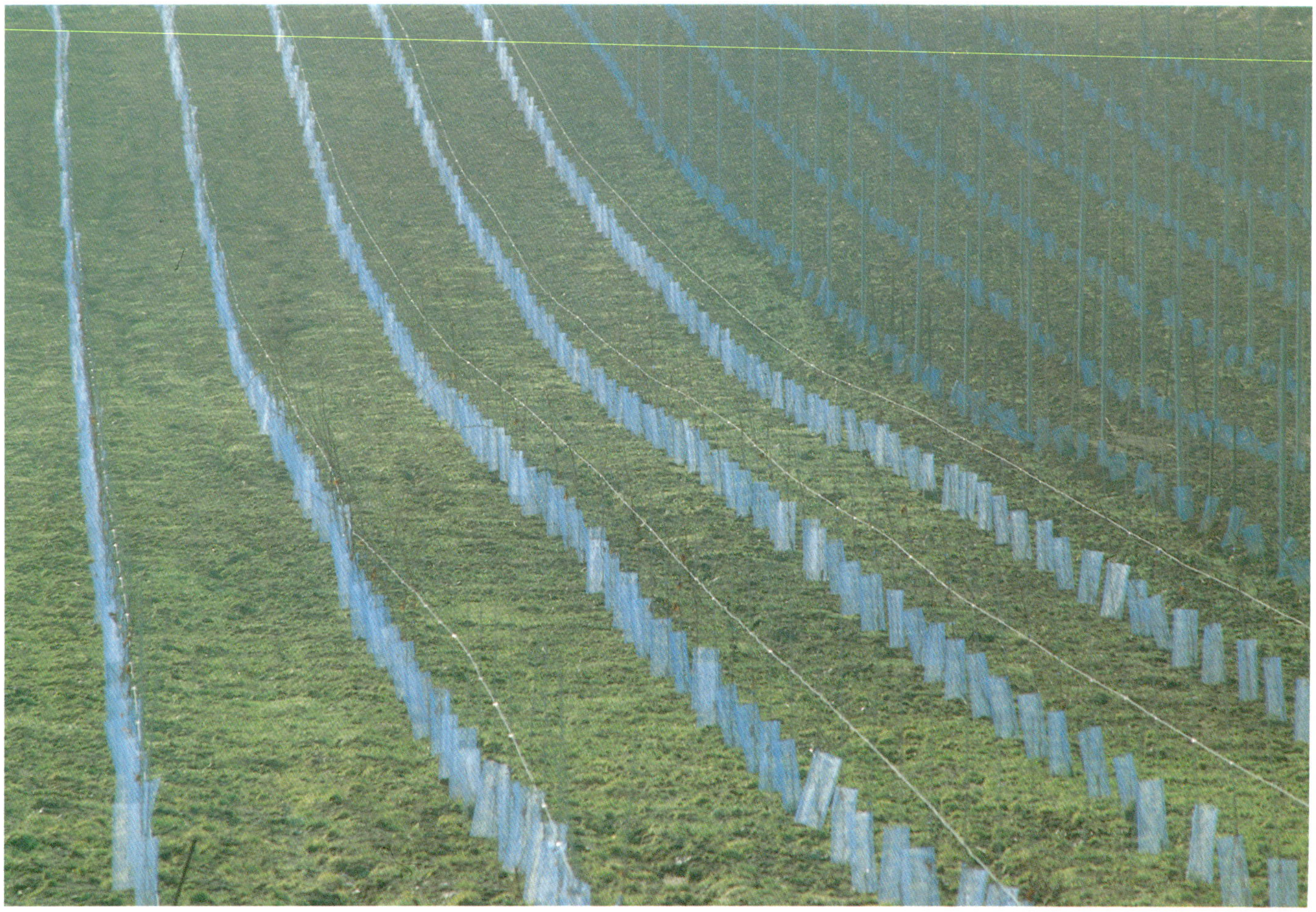

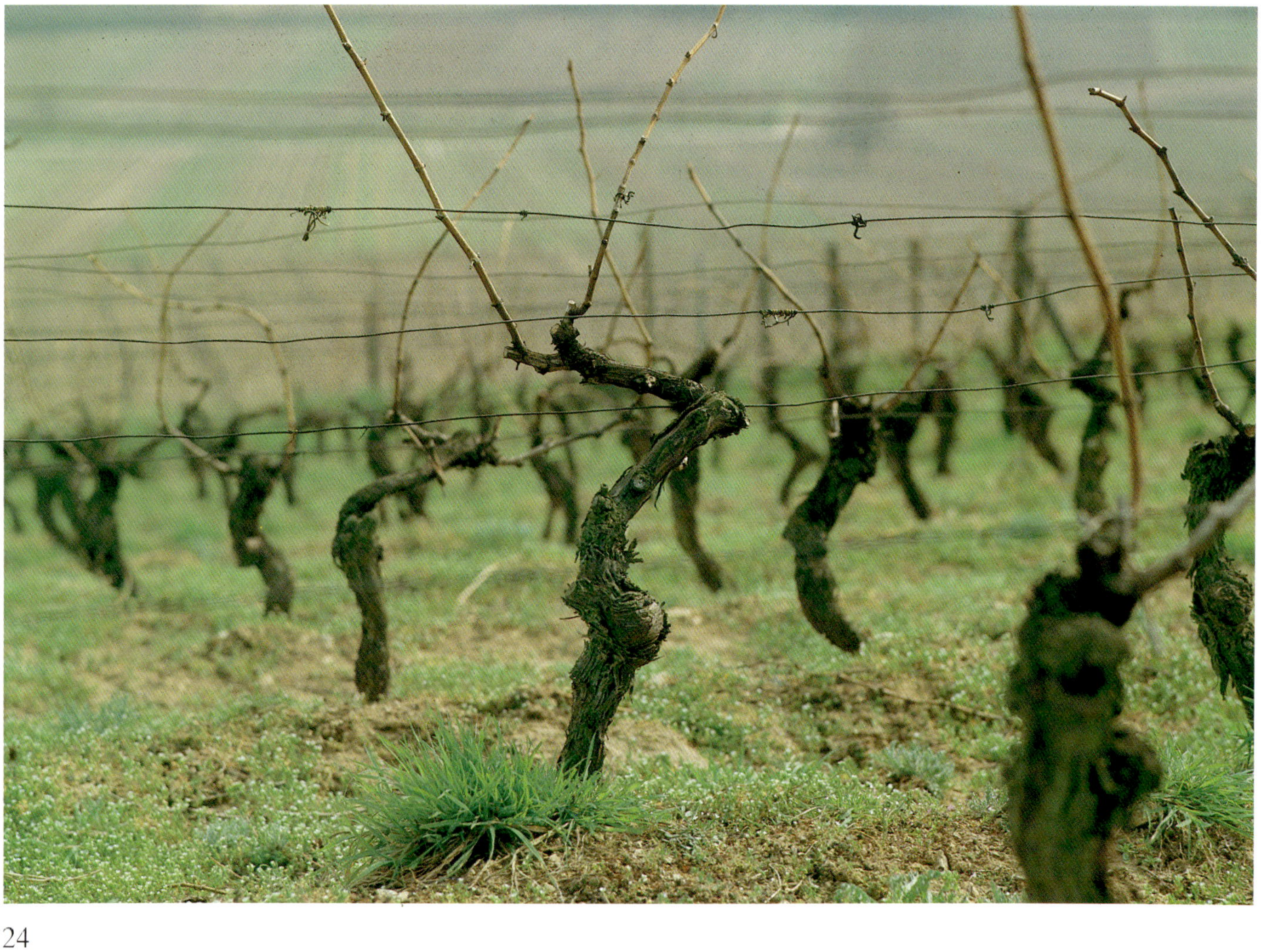

Links oben: Die zarten Triebe der jungen Weinberge schmecken Hasen und Kaninchen besonders gut. Um Wildverbiß zu vermeiden, wird eine Kunststoffschutzhose über die Rebe gestülpt. Bei Rehfraßgefahr in Waldnähe hilft jedoch nur ein hoher Drahtzaun.

Links unten: Die Witterung von Jahrzehnten hat Runen in die alten Rebstämme gezeichnet. Sie strahlen aber immer noch Kraft und Vitalität aus, in ihnen lagern die Reservestoffe für den Austrieb und die gesamte Wachstumsperiode. Trauben tragen aber nur die grünen einjährigen Triebe, die auf dem letztjährigen, bräunlich gefärbten Holz stehen. Wilde Stammaustriebe sind unfruchtbar und werden meist ausgebrochen.

Diese biochemischen Vorgänge im Rebstock haben vielfältige mechanische Auswirkungen. Sie werden gesteuert vom Vegetationspunkt der Triebspitze aus, einem Zellverband, der wie ein Gehirn funktioniert und von dem alle Reaktionen befehlsgleich ausgehen. Fast alles ist dabei vorprogrammiert, wie z.B. der gesamte grüne Trieb an der Bogrebe im Rebenauge schon en miniature vorgebildet ist. Die Frühlingssonne schaltet dabei den natürlichen Mechanismus der Natur ein. Die Augenschuppen werden aufgedrückt, und wie durch eine Hydraulik in Bewegung gesetzt, schiebt sich der junge Trieb bereits mit Blatt- und Fruchtanlagen ausgestattet durch die isolierende Winterwolle teleskopartig nach oben. Dies geht oft mit großer Geschwindigkeit im Weinberg, besonders aber bei Reben, die an der Hauswand stehen. Die rückstrahlende Sonnenwärme beschleunigt dabei die biologischen Vorgänge, so wie durch Wärme ja auch chemische Reaktionen beschleunigt werden können. Bei Hausreben wurden dabei schon Wachstumsgeschwindigkeiten von zehn bis zwölf Zentimetern in 48 Stunden gemessen. Man könnte also das Längerwerden des Triebes beinahe mit den bloßen Augen sehen, wenn wir die Gabe einer geringen Zeitraffung besäßen.

Verholzte Ranken am Drahtrahmen zeigen die Kraft, mit der sich der Rebstock an seiner Unterstützung festklammert. Nur wenige Stunden braucht der junge, noch grüne Rankentrieb, um den einmal ertasteten Draht zu umschlingen. Beim folgenden Vorgang der Verholzung verkürzt sich dieses naturgegebene Greiforgan und zieht die Rebe wie im Klimmzug an den Pflanzstab oder den Stützdraht.

Ein Geschein in voller Blüte. Es vereinigt 80 bis 120 Blütenstände, die je nach Wetter in wenigen Tagen oder erst in ein bis zwei Wochen "durchblühen". Je kürzer und geschlossener die Blütezeit, umso besser der Traubenansatz.

Vielleicht ist aber diese Tatsache der spontanen Reaktion der Reben gerade im Anfangsstadium der Vegetation das, was den Frühling so interessant und imposant macht. Vom Austrieb über das Blinken der ersten Blättchen bis zum Ranken der Triebe an den Pflanzpfahl oder Wingertsdraht vergehen ja auch nur vierzehn Tage bis drei Wochen. Das Bild im Weinberg wie in der ganzen Natur ändert sich ständig, und abwechslungsreicher kann es in einem spannenden Film auch kaum zugehen. In jedem Fall lohnt es sich, mit offenen Augen durch die Fluren zu gehen und zu beobachten, wie geheimnisvolle göttliche Kräfte den Reben Form und Fruchtbarkeit geben, ihnen Leben einhauchen und die Landschaft ergrünen lassen und gestalten. So wird aus dem kleinen bescheidenen "Geschein", aus dem einmal die Trauben werden sollen, gegen Frühlingsende ein zwar unscheinbarer, aber herrlich nach Honig duftender Blütenstand mit 80 bis 120 Einzelblüten, der innerhalb weniger Tage zum respektablen Fruchtansatz heranwächst.

Bei schlechtem Blütenwetter oder zu hohem Stickstoffangebot werden viele Fruchtansätze einfach abgestoßen. Dieser Vorgang wird "Durchrieseln" genannt, weil er bei der sehr sensibel reagierenden Sorte Riesling besonders häufig zu beobachten ist.

Die kleine weiße Rebblüte benötigt keine Lockfarben, die Bienen anlocken. Die Rebe zählt zu den Selbstbefruchtern, die männliche wie weibliche Geschlechtsorgane in einer Blüte vereinen. Die hochwachsenden Staubfäden stoßen dabei die schützende Hülle der Blütenknospen ab, streichen an der Narbe vorbei, und die ausfliegenden Pollen fallen, durch den leisesten Luftzug geleitet, auf das Narbensekret, wodurch die Befruchtung bereits erfolgt ist. Nur Schlechtwettereinbrüche oder plötzliche tiefe Temperaturen können diesen Vorgang stören und zum Durchrieseln der Fruchtstände führen. Der Riesling als besonders blüteempfindliche Sorte hat vielleicht seinen Namen aus dieser Naturreaktion. Der Winzer streicht nach der Rebblüte, die je nach Temperatur und Wetter sich tagelang hinziehen kann, daher vorsichtig über die nun erwachten Gescheine, um festzustellen, ob die nunmehr ca. zwei bis drei Millimeter dicken Fruchtansätze angewachsen sind. Nicht selten wirkt sich das Resultat dieses Tests sogar dann auf die Weinpreise aus. Bei hervorragendem Blüteabschluß zeigen sie oft einen Abwärtstrend, weil der Grundstock für eine große Ernte damit gelegt ist, was natürlich im umgekehrten Falle auch seine Auswirkung auf den Marktpreis haben kann. Wer mit und von der Natur der Rebe lebt, kommt aus dem Hoffen, Bangen und Zittern kaum heraus.

So ist der Frühling in der Pflanzenwelt durchaus vergleichbar mit dem Jugendalter der Menschen. Hier zeigen sich auch schon die erblich bedingten Anlagen, die es zu formen und auszubilden oder zu korrigieren bzw. zu unterdrücken gilt. Versäumnisse in diesem Entwicklungsstadium sind oft nicht mehr wettzumachen. Andererseits beinhaltet dieser Vergleich Mensch und Pflanze aber auch die Hoffnung, daß sich alles zum besten wendet, verbunden mit einer natürlichen Neugier, ob es tatsächlich etwas Gutes und Großes wird.

Karge Schönheit im Frühjahr: Die Graphik der Weinberge vor Beginn der Vegetation.

Ein "alter Knabe", der schon einige Jahrzehnte auf dem Buckel hat, aber immer noch Früchte bringt. Alte Rebstöcke bringen zwar weniger Menge, aber dafür bessere Qualität - nicht zuletzt, weil in dem kräftigen Stamm viele Reservestoffe gespeichert werden können und zum Abruf bereitstehen.

Der Fuhrmann und sein Gaul. Ein leider selten gewordenes Bild einer Arbeitsgemeinschaft von Mensch und Tier zum Nutzen der Rebe.

Trautes Bild einer Dorfidylle. Die Kirche inmitten der Häuser, zu der eine Straße führt, eingerahmt von Weinbergen und Obstbäumen.

Sommer

In den berühmten 100 Tagen zwischen Rebenblüte und Traubenlese fällt der Herrgott die Entscheidung über die Qualität eines Weinjahrganges. Dies ist ganz grob gesehen die Sommerzeit vom 21. Juni bis 23. September, dem Herbstanfang. Wenn die Dichter die Weinberge als "Apotheken Gottes" bezeichnen, sind die Winzer in dieser Zeit so etwas wie die Apothekengehilfen, die nicht nur als Landschaftspfleger umweltgestaltend tätig sind, sondern auch die Verantwortung für die Gesunderhaltung der Reben tragen.

Sonnenblumen und Reben als besonders schöner Schmuck einer Landschaft und Hinweis auf die fruchtbare Zeit des Sommers.

Ein Sühnekreuz, wie es in den Weinbaugemarkungen öfters zu sehen ist. Sehr oft wurden die christlichen Denkmäler von Einzelpersonen, Familien oder Gemeinden gestiftet aus Dankbarkeit für überstandene Epidemien, Kriege oder Naturkatastrophen.

Dies geht nicht ohne chemische Medikamente –Pflanzenschutzmittel–, die witterungs- und vom Infektions- oder Befallsdruck bedingt einmal mehr und einmal weniger eingesetzt werden müssen. Es ist wie in der Humanmedizin, wo kein normaler Mensch mehr Präparate als nötig schlucken würde, aber bei Epidemien z. B. ganz massiv sich schützen muß, da das körpereigene Abwehrsystem nicht ausreicht, alle Angriffe ohne Schaden zu überstehen. So ist der oft falsch dargestellte chemische Rebschutz nichts anderes als eine phytomedizinische Hilfe zur Erhaltung der zuckerbildenden grünen Blätter und Triebe und Garantierung der Qualität unserer Trauben. Diese wiederum sind die Voraussetzung für einen guten Wein, denn es kann mir niemand weismachen, daß kranke Reben und kranke Trauben einen gesunden, schmackhaften Wein geben können. Wenn ein verschorfter Apfel der zweiten Wahl auch noch verkraftet werden kann, bei einem unsauberen Wein hört die Toleranz sicher auf. Deswegen sind chemische Rebschutzpräparate nicht schlechterdings als Gifte einzustufen, sondern als wertvolle Hilfsmittel, die sowohl quantitäts- wie qualitätsbestimmend sind. Die Tatsache, daß sie chemisch vorformuliert sind, läßt auch die Möglichkeit zu, ihre Wirkungsbreite wie ihre Abbaugeschwindigkeit genau zu bestimmen, so daß bei richtiger Handhabung kaum eine Rückstandsgefahr droht, zumal die Karenzzeit der Wirkstoffe, die Zeit zwischen der letzten Anwendung und der Ernte, ja bekannt und vorgeschrieben ist und vom Winzer als Apothekengehilfen auch eingehalten wird. Gerade in dieser Hinsicht herrscht in der Weinbaupraxis eine größere Disziplin als bei vielen Tablettenschluckern, die nach dem Prinzip "viel hilft viel" oft die Dosis überziehen bis hin zur direkten Süchtigkeit. Der Winzer muß viel mehr rechnen und tut allein deswegen nichts Unnötiges, zumal er den Wein ja auch selbst trinken will. Abschließend zu dem sehr akuten, wenn auch oft falsch verstandenen Thema sei daher noch gesagt, daß die in der Natur vorkommenden Gegenmittel der Krankheiten und Schädlinge nicht ausreichend und in ihrem Wirkungsmechanismus unberechenbarer sind als die speziell zubereiteten chemischen Produkte zur Gesundheitserhaltung. Es soll auch nicht verschwiegen werden, daß die Natur vielfach von "Natur aus" giftig ist und viele Stoffwechselprodukte der Krankheitspilze einen enorm hohen schädlichen, also toxischen Wert haben, der die Genießbarkeit der pflanzlichen Frucht negativ beeinflußt bis hin zum fertigen Wein als Veredelungsprodukt der süßen, reifen Trauben.

Wie ein Riesenungetüm wirkt der Hubschrauber im Einsatz gegen Krankheiten und Schädlinge im Weinbau. Manche Steillagenregion ist von ihm direkt abhängig, weil die Arbeitskräfte für den Bodeneinsatz nicht mehr vorhanden sind. Eines ist gewiß, beim Hubschrauberspritzen wird weniger Pflanzenschutzmittel pro Fläche ausgebracht als mit Bodengeräten oder gar manuellem Einsatz mit Rückenspritzen der Schlauchspritzanlagen.

Wie mit Mehl bestäubt sehen vom Oidium (Echten Mehltau) befallene Blätter und Trauben aus. Dieser gefürchtete Oberflächenpilz ist seit Römerzeiten schon bekannt und tritt bei vielen Kultur- wie Zierpflanzen auf. Er zerstört die Blätter, macht damit die Zuckerfabrik der Pflanzen kaputt und befällt direkt die Früchte, um sie ungenießbar zu machen.

Durch Stiche der Pockenmilbe bekommen die Blätter diese häßlichen warzenähnlichen Deformierungen. Der Rebstock wehrt sich zwar dagegen, verbraucht aber wertvolle Kraft, die dem Gesamtwachstum und der reifenden Frucht verlorengeht.

Die im Geschein sich einspinnende Larve ist die erste Generation des sogenannten Traubenwicklers. Weil sie zur Zeit des ersten Heumachens auf den Wiesen auftritt, wird sie "Heuwurm" genannt. Sie kann großen Schaden anrichten und sollte daher konsequent bekämpft werden, damit ihre zweite Generation kurz vor Reifebeginn, als sogenannter Sauerwurm gefürchtet, erst gar nicht auftreten kann.

Der Rebstickler wird auch Zigarrenmacher genannt, weil er sich in die Rebblätter einrollt und diese dabei zerstört. Wertvolle Assimilationsfläche geht dadurch für die Zucker- und Energiebildung verloren.

39

Der Geilweilerhof bei Siebeldingen ist eine traditionsreiche Weinbauforschungsstätte und heute bekannt als Bundesanstalt für Rebenzüchtung. Manch bedeutende neue Rebsorte hat von hier ihren Ausgang genommen. Schwerpunkte der wissenschaftlichen Arbeit liegen auf dem Gebiet der Züchtung von pilzresistenten Rebsorten und der Aromaforschung.

Die Zusammenhänge der Natur sind zweifellos noch nicht alle restlos erforscht, sonst gäbe es auch nicht so viele wundersame Beobachtungen, die immer wieder erstaunen und überraschen. So laufen z. B. zur Zeit der Rebblüte im Keller die Fässer über, und die Lagertanks bekommen von innen heraus einen ungewöhnlichen Druck. Ein bis zwei Liter pro Doppelstück Wein (2400 Liter) laufen dabei über, und beim Entfernen der Faßspunden bläst der Wein Luft ab, die Fässer sind um das Spundloch plötzlich über die Blütezeit sichtbar naß und feucht, das heißt, die mit Wein vollgesaugten Faßdauben stehen gewaltig unter Druck. Wenn die Reben in der freien Natur also in eine neue Entwicklungsphase eintreten, reagiert der Wein im Keller auch bei Klimatisierung der Räume mit ganz geringer Verzögerung. Es ist dies ein biologischer Reife- und Entwicklungsprozeß, der jährlich zur gleichen Zeit wiederkehrt und beweist, daß der Wein ein lebendes Produkt ist, das von der Natur vorgegebene Reaktionen zeigt. Dies kann so weit gehen, daß junge, bereits auf der Flasche liegende Weine zu der Zeit der Blüte sich oft unruhig probieren und eine gewisse Kohlensäureschärfe schmecken lassen, die nach kurzer Zeit wieder verschwindet, wenn der Wein sich wieder beruhigt hat. Kenner wissen um diese Erscheinung, die das edle Produkt ja noch schätzenswerter macht und kalkulieren es bei ihrer Beurteilung ein, bevor sie beim Wirt oder Kellermeister unnötig reklamieren und sich dabei vielleicht blamieren.

Zurück zum Rebstock, der im Drahtrahmen oder in den Drahtpfahlanlagen der Weinberge steht. Weil wir von ihm leben und gute, gesunde Erträge haben wollen, wurde er seit Jahrtausenden schon in Monokultur angelegt, um ihn besser schützen, pflegen und ernten zu können. Wie alle rankentragenden Pflanzen stand er ursprünglich in einer Pflanzengemeinschaft, wo hochwachsende Holzgewächse ihm das Sonnenlicht wegnahmen. Mit Hilfe seiner Ranken klammerte er sich in dieser Pflanzenkommune fest und kletterte hoch bis zu den höchsten Baumspitzen, um viele Meter über dem Boden Licht und Luft zu haben, was er für die Ausreifung seiner Trauben benötigte. Die Wildreben der Rheinauen geben davon heute noch Beispiel, und in den südlichen Ländern sieht man oft die Rebtriebe an

Pfropfreben, wie sie nach dem Vortreiben im Gewächshaus in die Rebschule gepflanzt werden. Auf einer ca. 30 cm langen Wurzelstange der Amerikanerrebe wird das zwei bis drei Zentimeter lange Edelreis der Europäerrebe aufgepfropft. Die Veredlungsstelle wird meist mit einem wachsartigen Überzug versehen als Schutz gegen Austrocknung des sich bildenden Wundgewebes, das Edelreis und Unterlage zu einer festen Pflanzeneinheit verbindet. Das Edelreis ist dann die traubentragende Rebsorte, und die an der Unterlage entstehenden Wurzeln können durch den Stich der Reblaus nicht zerstört werden. Pfropfrebenbau heißt also: Weinbau treiben auch trotz eines Reblausbefalls. Das ist eine biologische Pflanzenschutzmaßnahme, die schon über 120 Jahre alt ist.

Der Sauerwurm mästet sich an den Trauben wie die Made im Speck. Vor Jahrzehnten noch hat er ganze Weinernten nahezu vernichtet. Allein zwischen 1900 und 1930 gab es zwölf katastrophale Wurmjahre. Durch moderne, schnell und exakt wirkende Insektizide kann der Schädling wirkungsvoll und bei richtiger Anwendung auch rückstandsfrei bekämpft werden.

der oberen Peripherie der Baumkronen sich entlangwinden. Diese Wachstumsreaktion ist also genetisch vorbestimmt, und der Herrgott hätte der Rebe sicher keine Ranken gegeben, wenn sie nicht nötig gewesen wären im Konkurrenzkampf der freien Wildbahn. Wir nutzen dieses natürliche Bestreben und geben den Reben den Pflanzstab oder stellen sie in einen Drahtrahmen, wo sie sich anranken und hochziehen können. Sie kommen dabei aus der nassen, gefährlichen, oft kalten Bodenzone, ziehen sich nach oben, werden von der warmen Luft abgetrocknet und umspült und können daher bessere Qualitäten bringen als ihre Urahnen im dichten Waldgestrüpp. Allein diese kostspieligen Maßnahmen sind beobachtungswerte Kulturmethoden, die der Winzer investiert und die pro Hektar 40 000 bis 50 000 Mark an Material und Arbeit verlangen und jährlich ja auch unterhalten werden müssen. Unsere Vorgänger in Sachen Weinkultur waren zweifellos die Römer, die noch über keinen Weinbergsdraht verfügten und daher den Balken- oder Holzrahmenbau zur Rebenerziehung praktizierten. Dabei trieben sie in vier bis sechs Meter Entfernung Holzpfähle in den Boden, die sie in 80 bis 120 Zentimeter Höhe am oberen Ende mit Querbalken oder langen Ästen verbanden. So entstand ein Holzrahmen, an dem die Reben rankten oder festgebunden wurden, als Vorgänger des Drahtrahmens. Für dieses Holzgerüst der Weinberge wurden schnell- und schlankwachsende Edelkastanien verwendet, aus deren abgesägten Baumstümpfen immer wieder in Vielzahl neue Austriebe hervorwuchsen, die den Nachschub für den Rahmenbau lieferten. Dies erklärt auch, warum überall dort, wo die Römer den Weinbau hinbrachten, Edelkastanienhaine in unmittelbarer Nähe stehen –siehe die Randzone des Pfälzerwaldes zur Rheinebene– als Beweis dafür, daß auch früher schon sehr wirtschaftlich gedacht wurde. Das Erziehungsmaterial der Weinberge stand also in greifbarer Nähe, und daß neuer Wein und Keschte (Kastanien) gut schmecken, war wohl eine willkommene Dreingabe, die sicher erkannt und einkalkuliert wurde.

Begrünte Rebzeilen, zu Großvaters Zeiten noch ein Zeichen für schlechte Bewirtschaftung und mangelnde Wingertspflege. Heute sind schon ganze Gemarkungsteile begrünt. Aus der Monokultur Weinbau wird wie zu Ursprungszeiten wieder eine Pflanzengemeinschaft. Die gemulchten Begrünungspflanzen sind Ersatz für den fehlenden Stallmist. Die Begrünung verhindert Bodenerosion und Nährstoffauswaschungen ins Grundwasser. Die Gründecke hilft, bodenzerstörende Traktorspuren zu vermeiden und erleichtert die gesamte maschinelle wie manuelle Weinbergspflege.

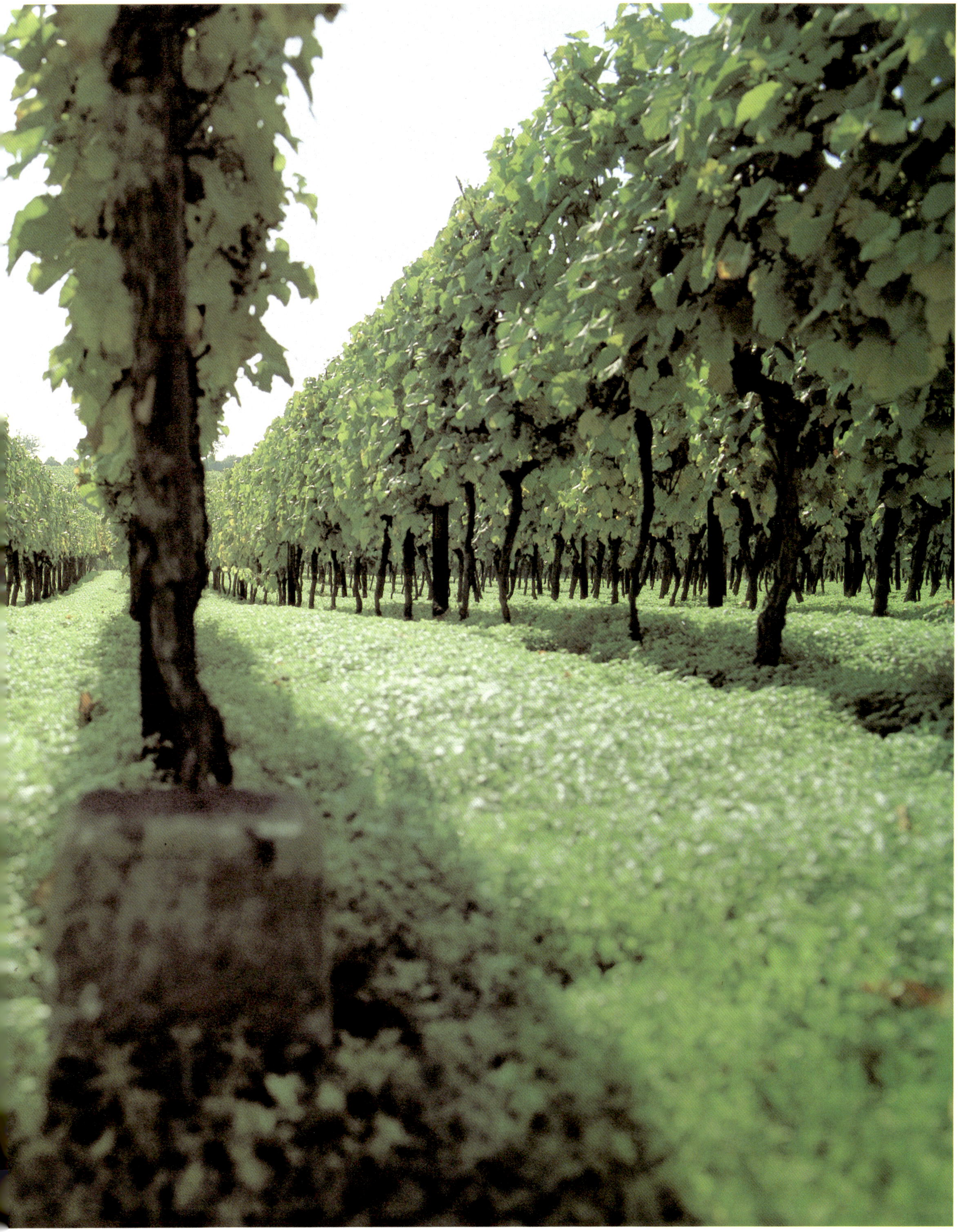

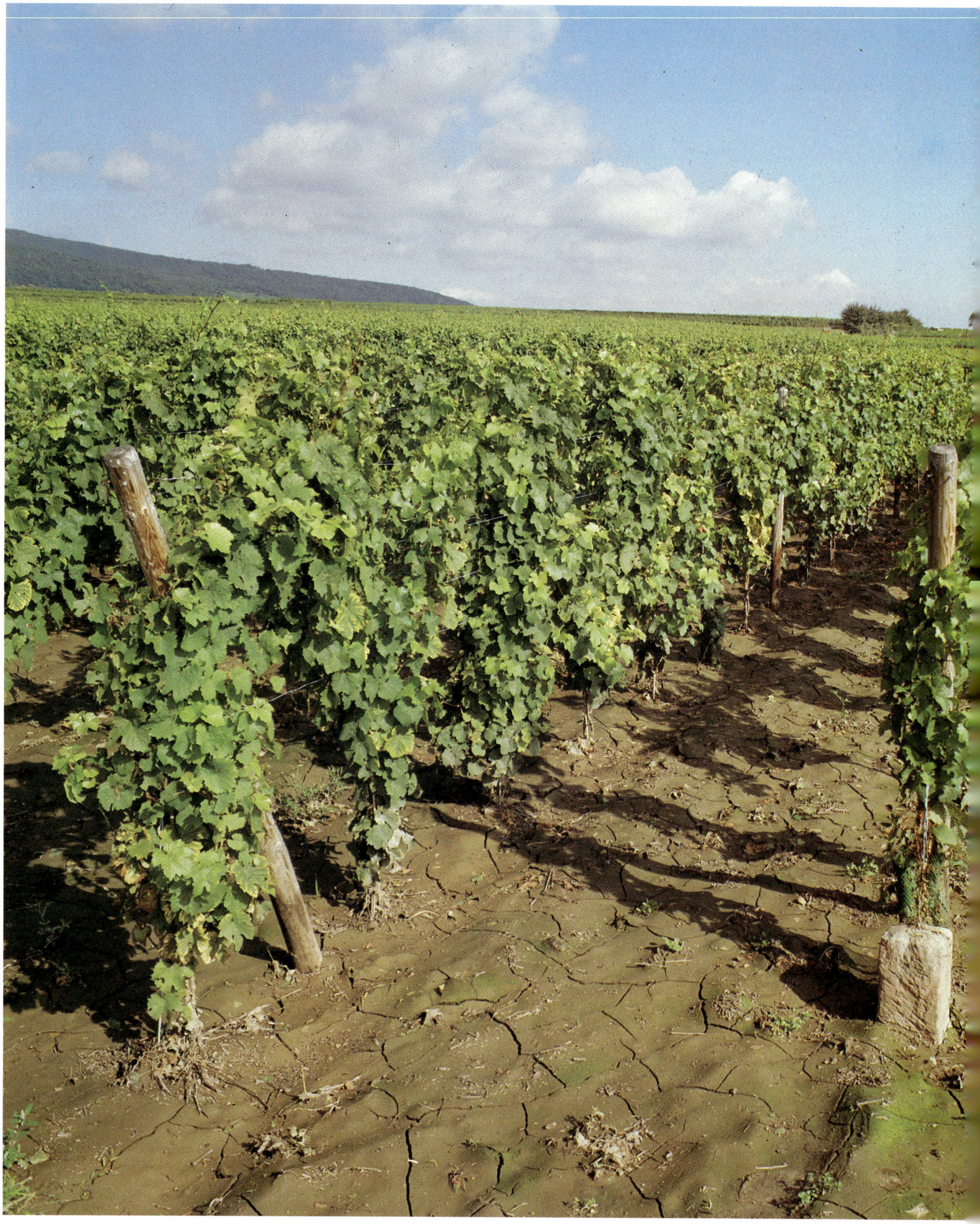

Das Funktionieren der Zuckerfabrik in den Blättern der Reben ist also eine direkte Folge der möglichst guten Ausnutzung der Sonneneinstrahlung. Deswegen sind die Weinberge ja auch möglichst Nord-Süd-gezeilt und bringen die besten Qualitäten an den Hanglagen, wo Einstrahlung und Rückstrahlung der Sonnenenergie optimal ist. Auch die Zeilenbreite und Erziehungshöhe muß unter dem Gesichtspunkt der Verwertung der Sonnenkraft gesehen werden. So erfordern hohe Laubwände große Zeilenentfernungen, damit keine gegenseitige Beschattung die Qualität negativ beeinflussen kann. Auch daran sollte man denken beim Spaziergang durch die Weinberge, um die Maßnahmen des Winzers beurteilen und besser verstehen zu können.

Durch Traktorspur zerstörte Bodenstruktur beschränkt den Lebensraum des Rebstocks. Tiefgehende Verdichtungen beeinflussen das Wurzelwachstum, zerstören den physikalischen Bodenaufbau und beeinflussen direkt und indirekt die gesamte Bodenfruchtbarkeit. Schlimm ist, daß dadurch allzuoft Dauerschäden entstehen, die nicht mehr rückgängig gemacht werden können.

Es dreht sich im Weinbau vieles um die Sonne. Sie beeinflußt das ganze Bewirtschaftungssystem, aber auch den Boden und nicht zuletzt die Quantität und Qualität der Erträge. Während bei uns in Deutschland im nördlichen Anbaubereich der Reben jeder sonnige Tag geschätzt wird und wir zwischen 1 800 und 2 000 Sonnenscheinstunden im Jahr das absolute Optimum erreichen, kann die Sonne aber auch wie in den südlichen Ländern oft zu viel sein. Steigen nämlich die Temperaturen über 28 bis 30 Grad Celsius, machen nicht nur die Menschen längere Zeit Siesta, sondern auch die Reben. Bei langanhaltender Sonnenhitze schließen sich die Spaltöffnungen der Blätter und der Stoffwechsel wird stark gedrosselt. Dabei wird täglich drei bis vier Stunden und oft länger kein Zucker gebildet, was der Mittagsruhe der Südländer entspricht und im Endeffekt auch erklärt, warum die Mostgewichte im Süden kaum höher sind als bei uns, wo diese Ruhephase, wenn es hoch kommt, nur etwa eine Stunde beträgt. Die Menschen im Süden gleichen diese lange Mittagspause durch frühen Arbeitsbeginn und späteren Arbeitsschluß aus. Ihre Abendessenszeit um 21 bis 22 Uhr liegt oft in dem Tagesbereich, wo wir zu Hause an das Zubettgehen denken, ist also von der Tageshitze gesteuert. Nur der Rebstock kann diese Überstunden weniger nutzen, weil er ohne Licht eben auch keine Zuckerbildung nachvollziehen kann und deshalb die Oechslegrade der Trauben bei der Lese nicht wesentlich anders liegen als bei uns. Trotzdem schmecken die Trauben im Süden oft süßer als daheim. Dies hängt aber nicht nur von der Urlaubsstimmung ab, sondern von der geringeren Säure in den Früchten. Der hohe UV-Lichtanteil der südlichen Sonne baut gegen Reifebeginn unaufhörlich die Säure ab, auch wenn die Zuckerbildung hitzebedingt beinahe zum Stillstand gekommen ist. Deswegen schmecken auch die Traubenbeeren auf der Sonnenseite besonders süß, während auf der Schattenseite der gleiche Zuckerwert bei höherem Säurequotienten weniger Süße vermittelt. Um dieses Naturbeispiel zu verdeutlichen, kann der Obstbau als Vergleich angeführt werden. Das meist schön ausgefärbte südländische oder gar kalifornische Obst schmeckt oft fad, weil es weniger Fruchtsäure hat als die in nördlichen Regionen oder gar in Skandinavien gewachsenen Früchte. Das weiß wohl auch bei uns jede Hausfrau besonders in Bezug auf Äpfel, Pfirsiche, Tomaten usw. Genauso ist es aber auch bei den Trauben bzw. beim Wein. Unsere große deutsche Spezialität ist daher weder der Zucker noch der Alkohol im Wein, sondern einzig und allein die unnachahmliche Fruchtigkeit der Säure.

Trotz der schönen Traubenbilder(Fotos Seiten 47 und 48) bleibt die Frage, ob ein zu starker Behang nicht die Qualität negativ beeinflußt, weil der Rebstock einfach überfordert ist. So muß das Menge-Güte-Gesetz vom Rebschnitt und seiner Düngung an berücksichtigt werden. Zuviel Ertrag kann Probleme bringen durch Qualitätsverlust und Absatzschwierigkeiten.

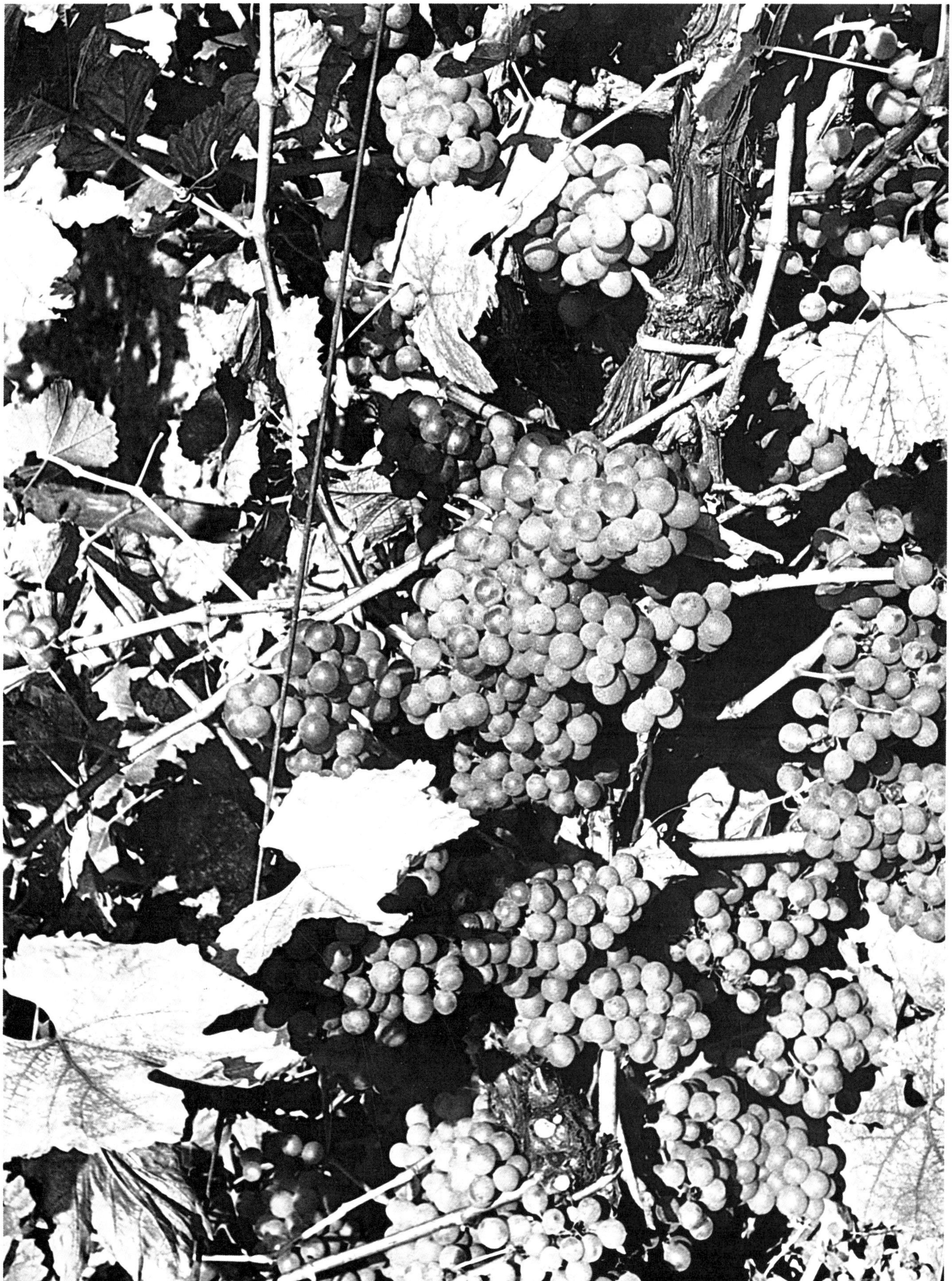

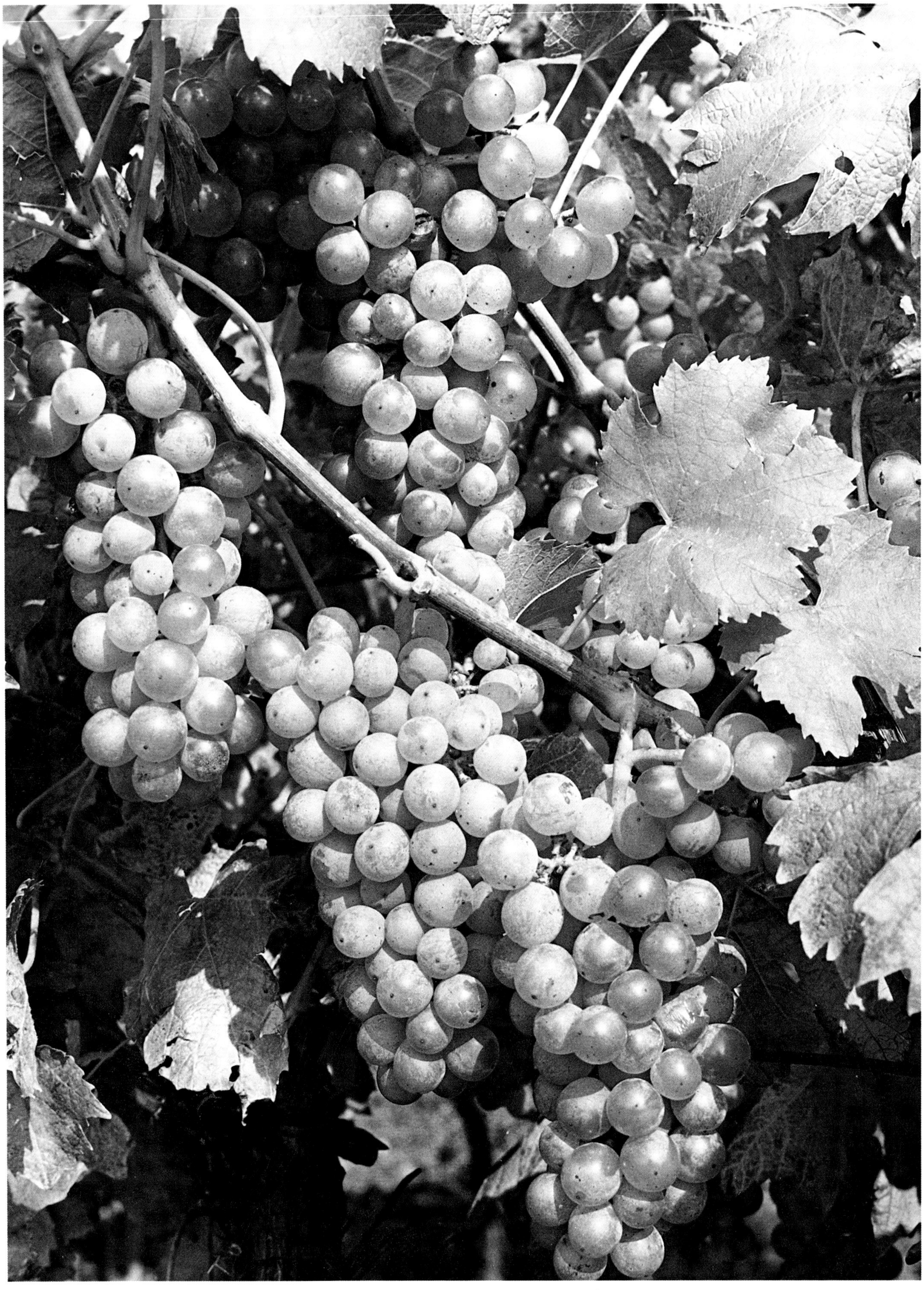

Ohne dieses Naturbeispiel noch komplizierter und verwirrender zu machen, soll noch darauf hingewiesen werden, daß selbst von Beere zu Beere bei uns wie überall der Zuckergehalt sehr stark streuen kann. Jeder hat das zwar schon geschmacklich festgestellt, aber sich kaum Gedanken über die Ursache gemacht. Dabei ist die Erklärung recht einleuchtend und logisch. Bei zunehmender Reife drücken sich die Beeren gegenseitig, wobei die Traubenstiele mehr oder weniger stark geknickt werden. Das hat zur Folge, daß der Zufluß des Zuckers von den Blättern in die Traubenbeeren gestaut wird, was zu unterschiedlicher Zuckereinlagerung führt. Es ist wie bei einem unter Druck stehenden Wasserschlauch, der an der Knickstelle halt auch weniger durchläßt als bei einem ungehinderten Durchlauf. Bei lockerbeerigen Sorten, wo kein gegenseitiger Druck entsteht, ist dieses Abknicken der Stiele aber auch festzustellen, verursacht durch das zunehmende Beerengewicht in der Reifezeit. Wenn jetzt noch kleine Haarrisse an der Knickstelle entstehen, kann Luft in das Gewebe und in die Leitbahnen der Rebe eintreten und Oxydationen der Zellinhaltsstoffe zur Folge haben, wodurch direkte Verstopfungen der Gefäße die Folge sind. In der Humanmedizin würde man zu dieser Erscheinung wohl einfach Thrombose sagen.

Der Saftdruck im Zellengewebe und in den Leitgefäßen hat kapillare, osmotische und noch einige andere, hier nicht näher zu erklärende Ursachen, ist aber zeitweise sehr deutlich auch am Rebstock sichtbar. So zeigt die Krümmung der Triebspitze die innere Druckspannung im Gewebe, die gerade im oberen Ende am größten ist. Auch hier gilt der Vergleich mit dem Wasserschlauch, dessen Spritzkopf herumgeschleudert wird, wenn er verschlossen ist und plötzlich Druck bekommt. Wird der Wasserhahn abgedreht, beruhigt sich das Schlauchende wieder und streckt sich dabei gerade. So ist es auch bei der Rebe. Sobald sich die Triebspitze streckt, gegen Ende des Sommers oder am Übergang zum Herbst, hat das Längenwachstum der Rebe aufgehört. Die Uhr der Natur dirigiert von da an den Saftstrom in den Beeren, die sich wie Luftballons langsam füllen und Zucker einlagern bei gleichzeitigem Abbau des bisher hohen Säuregehalts. Wenn Zuckereinlagerung und Säureabbau, beides in Gramm pro Liter gemessen, sich die Waage halten, spricht man von dem Reifebeginn der Trauben. Danach nehmen die Oechslegrade des Traubensaftes, d.h. sein Zuckergehalt, ständig zu. Er wird nach seinem Erfinder, Herrn Oechsle, in Oechslegraden gemessen und ist nichts anderes als das spezifische Gewicht des Traubeninhalts. Während ein Liter normales Wasser 1 000 Gramm schwer ist, wiegt ein Liter Traubensaft mit 80 Grad Oechsle also 1 080 Gramm.

Sicher kann der Frühjahrsaustrieb das Startsignal für einen Weinjahrgang geben, wie der Sommerverlauf die Basis für Quantität und Qualität bestimmen kann. Die endgültige Entscheidung über die Reife und Güte fällt aber erst im Endspurt der Vegetation in den Monaten August und September. Daher sind alle Voraussagen und Prophezeihungen, die oft schon im Frühsommer abgegeben werden, entweder kaum gültig oder stellen eine ganz gezielte Stimmungsmache dar mit dem Hintergrund der Preisbeeinflussung des gesamten Weinmarktes. Der Weinkonsument sollte sich also nicht irritieren lassen und im Gegenteil die Gewißheit haben, daß der Winzer den ganzen Sommer über bemüht ist, das beste aus der naturgegebenen Situation zu machen, um höchstmögliche Qualitäten zu erzielen.

Der Weinfreund wird zudem jede Möglichkeit wahrnehmen, sich von dem Stand der Reben zu überzeugen, um ein eigenes Urteil über die Jahrgangsaussichten zu fällen. Im übrigen ist Urlaub in der Weingegend geradezu "in", Trauben- wie Weinkuren sind in vieler Hinsicht gesundheitsfördernd. Also auf zum Urlaub in den Reben!

Die Herbstfuhre inmitten einer romantischen Wein- und Waldlandschaft. Die Trauben wurden vor Ort gemahlen und das Lesegut als Maische nach Hause transportiert.

Alte historische Torbögen mit künstlerisch gestaltetem Endstein. Berufssymbole und Zunftzeichen gaben Hinweis auf Tätigkeit und Familientradition des Hausbesitzers.

17 16
HG VB
ACVB

HV HM
& 7 1 6

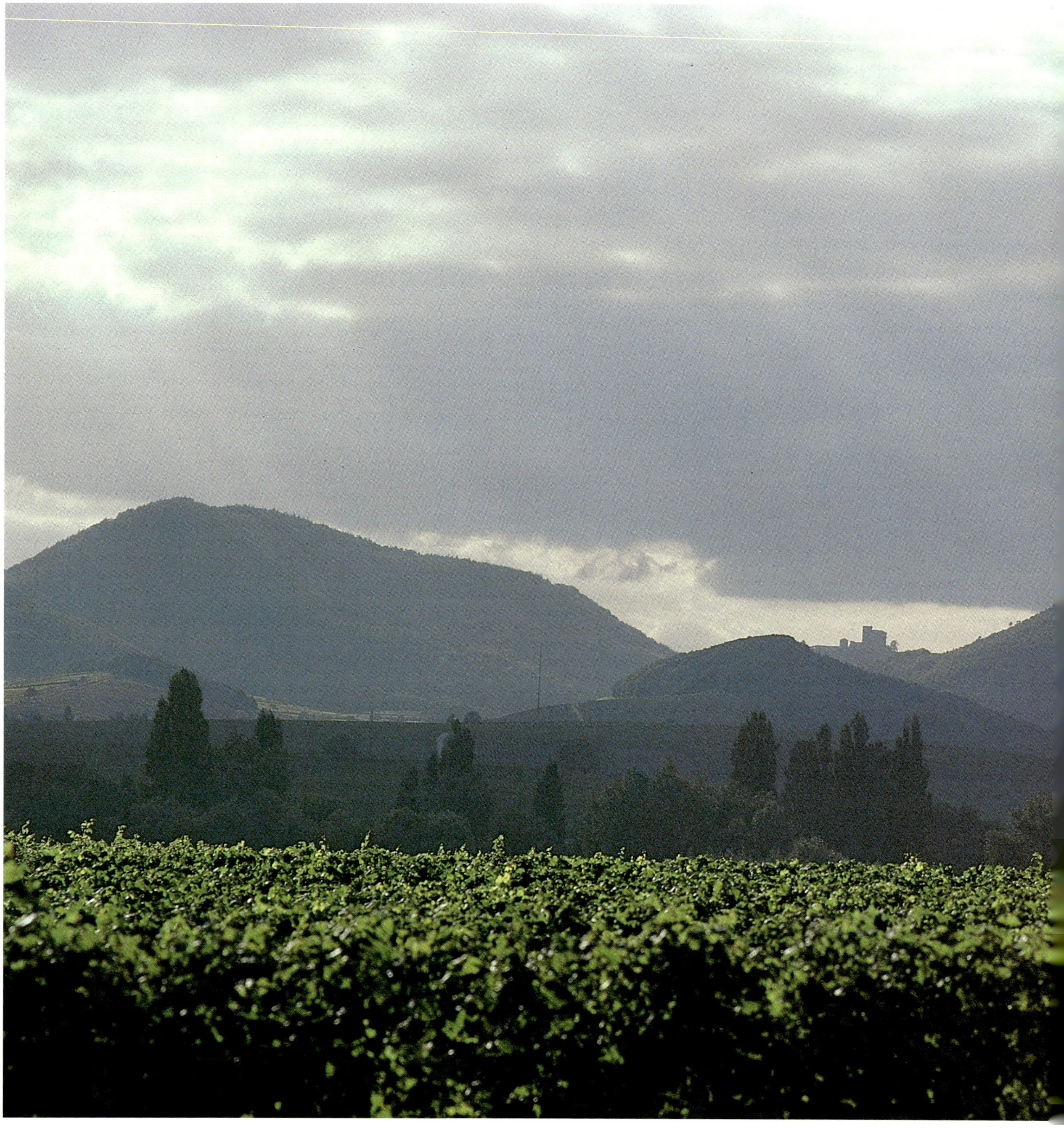

Wie ein schönes grünes, aber auch buntes Band liegen die Reben vor dem Haardtgebirge und den Ausläufern des burgengeschmückten Pfälzerwaldes.

Herbst

Diese Jahreszeit ist wohl am meisten besungen, bedichtet und gemalt. Ihr Festtitel "Goldener Herbst" läßt sich ja auch vielgestaltig ausschmücken und verwerten. Von der Farbenpracht her, gerade zwischen Wald und Reben, ist seine Buntheit ja auch wirklich ein Naturschauspiel, das kein Bühnenbildner besser gestalten könnte. Es ist in Wirklichkeit ja aber mehr als eine Abschiedsgalavorstellung, wo alle Mitwirkenden der zu Ende gehenden Vegetation sich noch einmal im schönsten Kostüm zeigen und wie im Finale einer Zirkusveranstaltung artig und gekonnt auf sich aufmerksam machen. Wir, das Publikum, klatschen Beifall, durch unsere Aufmerksamkeit wohl wissend, daß jetzt eine trostlosere Epoche beginnt, in der wir von der Schönheit des letzten Auftritts der Reben, Sträucher und Wälder, ja der ganzen Pflanzenwelt, in der Saison zehren müssen.

Weinberge und Bäume, seit altersher Partner in der Natur, die sich ergänzen und die Landschaft formen und schmücken.

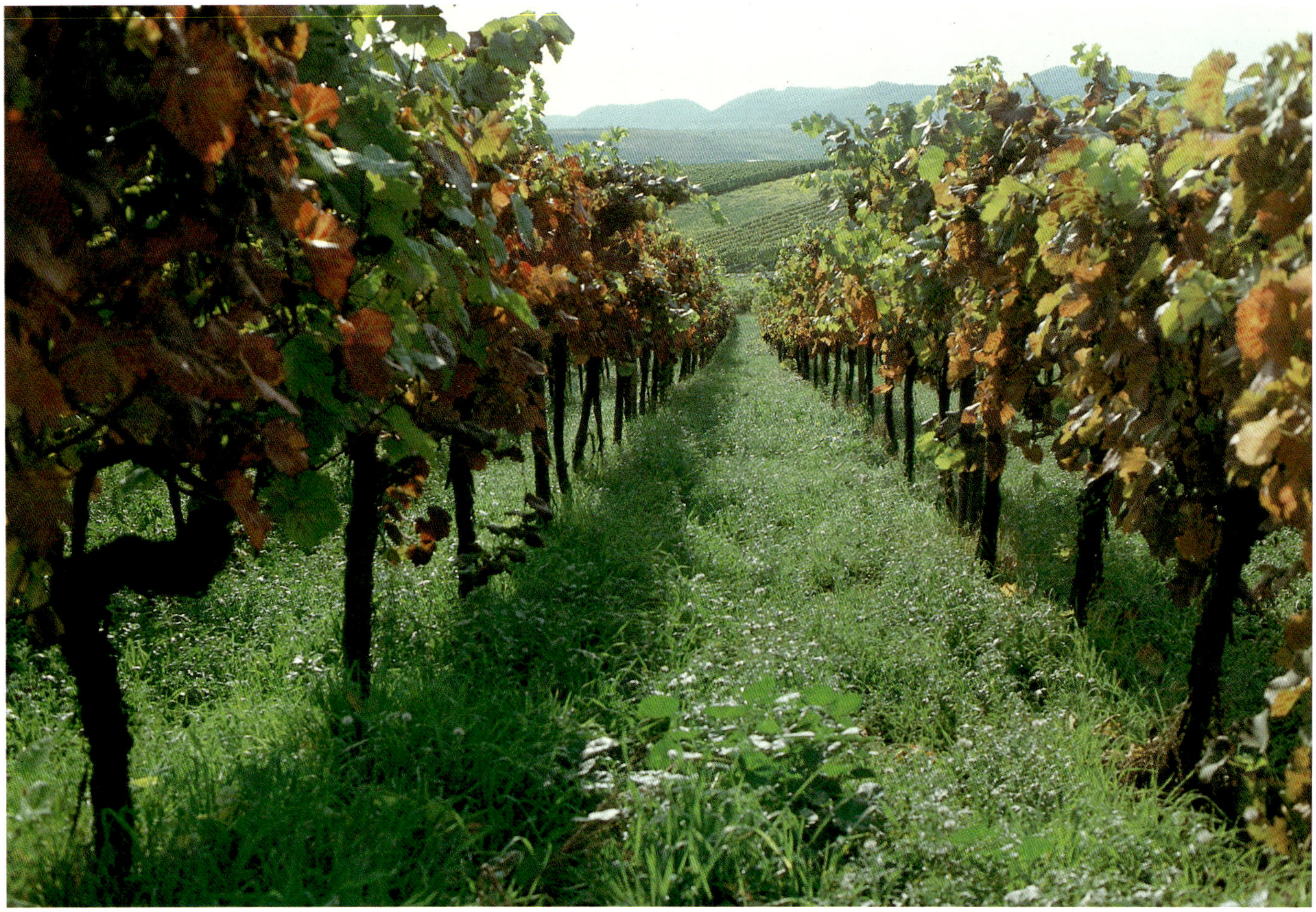

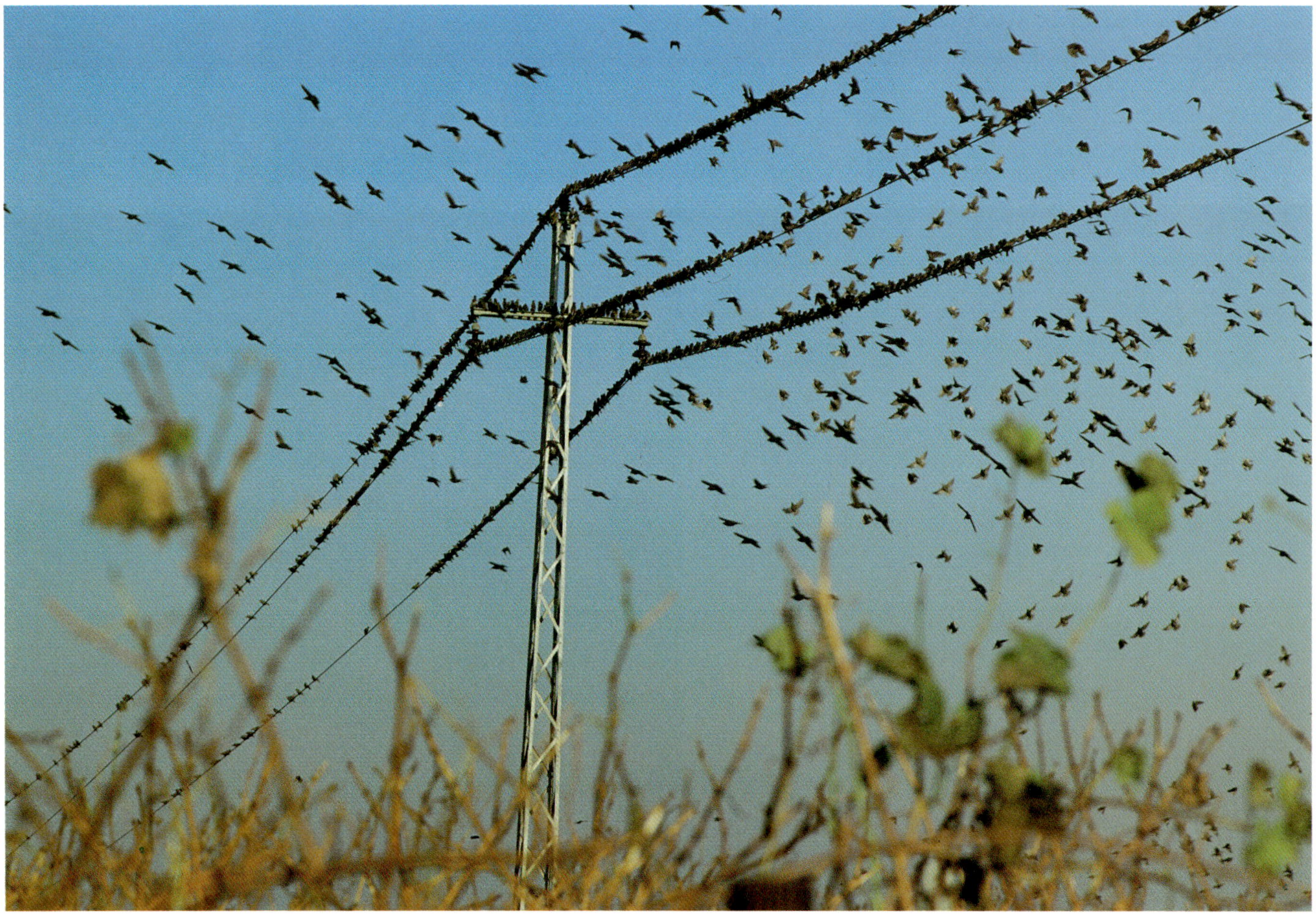

Foto links oben: Von der Natur gemalt: Der knorrige Rebstock mit den reifen Trauben und den Rebblättern im herbstlichen Kleid.

Foto links unten: Die Stare stehen unter Naturschutz, sind für die Winzer aber doch oft eine Plage. Da sie meist in großen Schwärmen von Tausenden hungrigen Vögeln auftreten, kann ein Weinberg in kurzer Zeit leergefressen sein. Überlandleitungen und Telefonkabel sind oft die Startrampe für ihre gezielten Angriffe.

Dies ist aber nur die eine Hälfte dieser Jahreszeit, die im zweiten Kapitel mehr umschlägt in Traurigkeit, wo sensible Menschen nicht selten Depressionen bekommen oder wetterfühlige, kreislaufschwache Personen sogar gesundheitlich reagieren, wohl in erster Linie bedingt durch das Fallen der Blätter und Kahlwerden der Reben und der meisten Holzgewächse. Das schlägt auf das Gemüt und nimmt die spontane Fröhlichkeit, weil wir traurig sind über den Abschied der Natur, die sich für Monate in sich selbst zurückzieht.

Aber zuerst wird noch gefeiert. Der Neue Wein und die vielen damit verbundenen Festlichkeiten peitschen noch einmal die Stimmung hoch, und wer unbedacht ist und sich selbst zu viel einheizt, kann auch schon einmal den Boden unter den Füßen verlieren. Aber auch das gehört zu den Herbsterlebnissen, und wer ein rechter Mann oder eine rechte Frau sein will, muß das einmal durchgestanden haben. Zudem gibt es viele Gläubige, die auf die Hefekur des bitzelnden Federweißen nicht verzichten wollen. Sie schwören sogar, daß er ohne viel Mühe und relativ preiswert die Gedärme und Mägen durchputzt, was einmal im Jahr empfehlenswert sei, leider aber nicht krankenkassenpflichtig verbucht werden kann.

Zurück zum Herbst und dem Herbsten, wie ja die Traubenlese im Volksmund genannt wird. Hier weiß man schon gar nicht mehr, wo man dran ist und ob man lachen oder weinen soll. Gibt es einen kleinen Herbst bezüglich Menge und Güte, ist es für den Winzer traurig und wahrhaftig zum Weinen, denn seine Existenz steht auf dem Spiel. Gibt es einen großen Herbst, besonders was die Menge angeht, ist es aber auch nicht zum Lachen, weil dadurch die Preise in den Keller sinken und wiederum die Unkosten nicht gedeckt werden können und die Existenz der Weinbaubetriebe gefährdet ist. Also wie es kommt, scheint es falsch zu sein, richtig ist sicher nur eines: die Qualität muß hervorragend sein, dann findet sich immer ein kostendeckender Absatzweg. Allerdings muß der einzelne Winzer dazu viel beitragen und sich spezialitätsbewußt auch werbemäßig engagieren. Wer sich nur auf Verbands-, Vereins- und Staatshilfe verläßt, setzt sich neben den Stuhl und ist eigentlich wegen seiner Kurzsichtigkeit zu bedauern. Der Spruch "einer für alle und alle für einen" muß wieder neu erfunden werden, denn er paßt für die heutige deutsche Wettbewerbssituation der Wein-EG besonders gut. Nicht das "ewige Jammern" an der Basis sollte an der Tagesordnung sein, sondern das entschlossene gemeinsame Handeln im Sinne echter unnachahmenswerter Qualitäts- und Spezialitätserzeugung. Hierzu gehört auch das informative, zeitgerechte und pädagogisch richtige Agieren auf allen Wegen der Vermarktung. "Klappern gehört zum Handwerk", das gehört auch zum Weinangebot, zumal wir uns der deutschen Weine nicht zu schämen brauchen.

Aber vor dem Wein stehen erst einmal die Trauben, die geerntet werden müssen, wozu landesüblich "Lese" gesagt wird. Dieser uralte Begriff des "Traubenlesens" beweist aber deutlich, daß es früher auch schon Stielfäule und Stiellähme gegeben hat, wo durch Pilzbefall oder Ernährungsstörungen die Trauben im reifenden Zustand abgefallen sind und auf dem Boden lagen. Von dort mußten sie wieder aufgelesen werden, was mühevoll und unangenehm sein kann und was der Traubenernte die Bezeichnung "Lese" einbrachte. Zu Großvaters Zeiten wurden dabei tatsächlich die einzelnen Beeren noch aufgelesen, heute geht es dagegen etwas großzügiger zu, oder wir sind das Bücken nicht mehr gewöhnt. Vielleicht meinen wir auch, daß es in unserer Überflußzeit auf die paar Trauben auch nicht mehr ankommt! Egal, was der Grund sein mag, die Lesemaschine oder, wie es amtlich heißt, der Traubenvollernter, liest ja schließlich auch nichts auf. Und hier sind wir bei einem ganz wesentlichen Punkt der technischen Entwicklung in der Weinwirtschaft angelangt. Es war zwar lange nicht für möglich gehalten worden, mußte dann aber doch kommen: die Maschine, mit der die Trauben geerntet werden. Schon allein der Arbeitskräftemangel hat diese Entwicklung vorgezeichnet, ein bißchen aber auch die Arbeitswilligkeit in der offenen Werkstatt der Natur und das zunehmend industriegeprägte Sozialprestige, das Arbeiten in der Landwirtschaft, wo man schmutzige Hände bekommt, in den Bereich des Unzumutbaren drängt. Der dafür zu zahlende Lohn reißt auch niemanden vom Stuhl, so daß im Endeffekt nur freiwillige, aus Hobby einspringende Aushilfskräfte übrig bleiben oder Leute, die "Urlaub auf dem Bauernhof" als Freizeitausgleich suchen.

Es geht dem Ende der Weinlese zu. Alles hilft zusammen, die letzten Rebstöcke zu lesen, der Logelträger stärkt sich noch einmal vor Ort.

Das Monstrum Traubenvollernter – ein Kind unserer Zeit – ist nicht mehr wegzudenken. Was vor 20 Jahren noch nicht für möglich gehalten wurde, die Technik hat es erreicht. Er ist zwar konstruktiv sehr ausgereift und hat die Leistung von 80 - 100 Leserinnen und Lesern, trotzdem ist er nur so gut, wie sein Fahrer es zuläßt.

Mit Romantik hat dies nichts mehr zu tun, aber der obligatorische Arbeitskräftemangel im Herbst ist damit überwunden. Folgeprobleme treten erst im Kelterhaus auf und bei der Allgemeinen Ortskrankenkasse und dem Finanzamt, denn die Traubenvollernter sind soziallasten- und lohnsteuerfrei.

Der Logelträger war vor einer halben Generation noch die Symbolfigur der Traubenlese. Immerhin hat er seine zentnerschwere Last oft weite Strecken bis zum Transportwagen zu schleppen.

Also, die Maschine mußte kommen, und vier bis fünf Konstruktionsgenerationen haben sie auch so ausreifen lassen, daß sie gute, akzeptable Arbeit leistet. Sie ist zwar nur so gut wie ihr Fahrer und das Bedienungspersonal, aber das war früher bei den alten Dreschmaschinen genauso und ist bei den Mähdreschern und ähnlichen Erntegeräten des Acker- und Gemüsebaues nicht anders. Dem Traubenvollernter ist noch zugute zu halten, daß er ohne sichtbare Laune auf das Wetter reagiert. Den Bilderbuchherbst mit Sonne und Wärme von morgens bis abends gibt es nämlich sehr selten, und wer bei Kälte und Nässe schon tagelang Trauben geschnitten hat, kann ein Lied von den Strapazen der Lese singen. Übrigens, das so fröhliche Singen beim Herbsten im Wingert gehört meist auch der Vergangenheit an. Bei den heutigen hohen Wingertszeilen sehen sich die Leser und Leserinnen gar nicht mehr, die Kommunikation wird folglich schwieriger oder bleibt aus. Wie hinter Spanischen Wänden wird zwar noch erzählt und getratscht, aber das Gespräch geht kaum über zwei Wingertszeilen hinaus. Früher beim alten, niedrigen Drahtrahmen hatte man von jedem Platz über den halben oder gar ganzen Wingert Kontakt, und der fröhliche Gesang stellte sich bei gutem Wetter fast von selbst ein. Der Aufseher war darüber ja auch froh, denn wer singt, ißt keine Trauben, und nicht selten wurden daher ausgesuchte Vorsänger besonders gelobt oder hintenrum zum Anstimmen der Lieder aufgestachelt. Heute ist bei der Traubenlese oft die große Nüchternheit unserer Zeit zu spüren, oder es liegt daran, daß kaum jemand mehr die Liedertexte kennt.

Nachdem also das Singen durch das Klappern des Traubenvollernters vielerorts ersetzt ist, muß zu dessen Ehrenrettung aber doch gesagt werden, daß er tadellos funktionstüchtig ist. Die Maschine nimmt die Rebreihe quasi zwischen die Beine, und eine Vielzahl fibrierender Glasfiberstäbe, deren Schlagrhythmus in Geschwindigkeit und Stärke beliebig regulierbar ist, klopfen die Trauben ab. Diese fallen auf ein flexibles Fließband, das sie nach oben in ein Becherwerk transportiert, von wo sie in einen großen Auffangbehälter gekippt werden. Vorher passieren sie starke Gebläsestrecken, wo die Blätter herausgeblasen werden, so daß das gesammelte Lesegut oder folgerichtig "Schlaggut" einen passablen Eindruck macht. Das tatsächliche Problem liegt dabei ganz woanders. Ein Traubenvollernter hat die Leistungskapazität von ca. achtzig bis hundert Lesern und Leserinnen, die von Hand schneiden. Das heißt also, die Maschine hat eine enorme Flächenleistung, was bei der Betriebsstruktur im Weinbau durchaus positiv sein kann, aber sie bringt in wenigen Stunden eine enorm große Menge Trauben oder Maische, die sofort verarbeitet werden sollte. Dies erfordert Kelterhauseinrichtungen, die oft nicht im ausreichenden Maß vorhanden sind. Da die Maische aber nicht lange stehen soll, müssen entweder viele große, teure Keltern angeschafft werden, deren Amortisation fraglich ist, oder es muß bei der Ernte ständig pausiert werden, bis der Traubenanfall weggeschafft worden ist. Es entstehen also Kettenreaktionen mit vielschichtigen organisatorischen und finanziellen Auswirkungen, die wohldurchdacht sein müssen.

Natürlich ist trotz dieser Maschinenbeschreibung die Handlese noch nicht gestorben, sie wird es wohl immer geben, besonders am Steilhang, wo Vollernter kaum einsetzbar sein dürften. Der Mensch steht bei der Traubenernte also immer noch im Mittelpunkt und wird es auch in Zukunft bleiben. Gerade in den Familienbetrieben und bei den Nebenerwerbswinzern ist das Herbsten ein fester Bestandteil im Jahresprogramm. Man trifft sich dabei, um zusammenzuarbeiten, viel angestauten Gesprächsstoff los zu werden, sich über Gott und die Welt informieren zu lassen und viel, fröhlich und herzhaft lachen zu können. Erzählertalente haben dabei ihre ganz große Zeit, und der Humor bestimmt den Umgangston und läßt die Arbeit leicht von der Hand gehen. Die gemeinsame Brotzeit oder das rustikale Mittagessen im Weinberg, wo der Weinkrug oder der Schoppen kreist, läßt Urlaubsstimmung aufkommen, auch wenn die Sonne nicht senkrecht vom Himmel sticht. Das Herbsterlebnis schweißt auch eine solche Lesegemeinschaft zusammen, die meist am Schlußfest der Saison, wenn "Bacchus" gefeiert wird und Zahltag ist, sich oft für das nächste Jahr zum selben Anlaß wieder verabredet.

Vielleicht hat dieses Bild bald Seltenheitswert, wo die Trauben von Hand geschnitten und im Leseeimer oder der Logel in die Transportgefäße gekippt werden.

Die Traubenlese von Hand läßt manchen in die Knie gehen. Arthrose in den Gelenken ist daher nicht gefragt. Wieviel schwerer muß diese Arbeit früher gewesen sein, wo es noch keine Stämmchenerziehung gab und die Trauben ganz tief über dem Boden hingen.

Brotzeit ist die schönste Zeit des Tages, vorausgesetzt, daß Kälte und Regen nicht die gute Laune beeinträchtigen. Hunger gibt es allemal bei der Arbeit im Wingert.

Nicht vergessen werden soll dabei aber auch die Kelterhausmannschaft, die zu Hause arbeitet und dafür sorgt, daß die Traubenbehälter leer werden und es immer wieder Platz gibt für neue Anlieferungen. Wenn auch die modernen Traubenmühlen, Abbeermaschinen, Maischepumpen und Kelteranlagen viel Arbeitserleichterung gebracht haben, die notwendige Sorgfalt und Sauberkeit ist unabdingbar geblieben. Die mit den modernen Traubenpressen zu erzielende Saftausbeute von ca. 70 bis 80 Prozent je nach Sorte ist sofort nach ihrem Mostgewicht einzuordnen und möglichst schnell, ohne viel Luftkontakt, in den Gärbehältern einzulagern. Viel Zeit zum Ausruhen gibt es dabei nicht, und Überstunden sind oft an der Tages- oder gar Nachtordnung. Die Hygiene im Kelterhaus wie im Keller ist dabei so etwas wie die Visitenkarte eines Betriebes, in der sich der Stolz des Kellermeisters spiegelt. So wird im Herbst schon die Voraussetzung geschaffen für die Reinheit und Sauberkeit des Weines im Keller und später auf der Flasche.

Die Differenzierung der gesetzmäßig festgelegten Qualitäten und Prädikate geht natürlich auch auf die Traubenlese im Herbst zurück und muß präzise in der Wein- und Kellerbuchführung registriert sein. Ab Spätlese ist sogar zusätzlich eine genaue formularmäßige Meldung bei der örtlichen Behörde vorgeschrieben. Dieser in der Hochsaison der Herbstarbeit erforderliche Papierkrieg ist zwar eine lästige Mehrarbeit, wird aber von der allgemeinen Weinkontrolle verlangt und ist vom Gesetzgeber zum Schutze des Verbrauchers angeordnet. Dadurch und durch die spätere amtliche Kontrolle aller Kreszenzen ab der Qualitätsweinklasse gilt das deutsche Weingesetz als das strengste der Welt und hat in manchen Ländern bereits als Modellvorlage gedient (z. B. Österreich, Schweiz, Italien, Südafrika u.a.). Die auf dem Etikett vermerkte "amtliche Prüfnummer" sieht zwar wie ein Geheimcode aus, läßt aber tatsächlich einen Wein vom Endverbraucher bis zum Erzeuger zurückverfolgen. Die entschlüsselten Zahlen führen nämlich auf die Prüfbehörde, den Weinbauort, den Weinbaubetrieb und das Prüfjahr mit der exakten Kartierung des einzelnen Weines zurück. Im Vergleich dazu kann die bei Visumsanträgen verlangte Nummer des Reisepasses bestimmt nicht mehr aussagen. Damit dürfte die deutsche Gründlichkeit wieder einmal unter Beweis gestellt sein. Trotzdem bedarf es bezüglich der Spezialitäten unserer Prädikate noch einiger Erläuterungen. Als bekannt wird vorausgesetzt, daß der einzureichende Qualitätswein in einem zwar gebietsunterschiedlichen, aber doch genau fixierten Rahmen gezuckert werden darf. Dadurch kann der Natur im Bedarfsfall etwas nachgeholfen werden, was z. B. im benachbarten Frankreich in weit größerem und höherem Maße beinahe obligatorisch praktiziert wird. Der Unterschied dabei ist nur, daß es dort unbesehen akzeptiert wird, während in Deutschland ein gezuckerter Wein zumindest bei vielen Laien den Hauch der Panscherei im Gefolge hat. Der Stellenwert des Alkohols im Wein in den romanischen Ländern im Vergleich zu den "germanischen" Weinbaugebieten ist unterschiedlich. Der Alkohol gibt dem Wein Körper und Stärke, was im

Reben so weit das Auge reicht. Ein flurbereinigtes Gebiet, in dem alle Weinberge durch Wege erschlossen sind und eine gleichmäßige Zeilenführung auch eine moderne Bewirtschaftung ermöglicht.

Süden mehr als Qualitätsmaßstab gilt als bei uns. Dafür ist in Deutschland der absolut naturreine Wein in einer besonderen Klasse, den "Qualitätsweinen mit Prädikat" eingereiht. Diese Formulierung muß buchstabengetreu auch auf dem Etikett stehen. Die Prädikate beginnen mit "Kabinett", einem meist leichten und daher heute besonders beliebten Wein, der wie auch alle folgenden Prädikatsgruppen völlig ohne Zuckerunterstützung auskommen muß. Ihm folgt die Spätlese, die einen Qualitäts- und Zeitbegriff zugleich beinhaltet. Ihr Ausgangsmostgewicht liegt höher als beim Kabinett, aber sie muß auch erst nach der Normallese, also "spät" geerntet sein. In dieser Vorschrift liegt aber ein großes Risiko, das durch die Abhängigkeit vom Witterungsverlauf im Herbst bedingt ist. Setzt z. B. eine Regenperiode zwischen Normallese und Spätlese ein, kann die Qualität ganz rapide abrutschen, so daß die geforderte Mostgewichtsmindestgrenze unterschritten wird. Obwohl also der Zeitfaktor stimmen mag, ist in einem solchen Falle die Qualitätsanforderung nicht erfüllt, das Prädikat "Spätlese" somit hinfällig. In der offenen Werkstatt der Natur hat also stets der Winzer die Konsequenz zu tragen, was nicht selten sich im Preis des Weines widerspiegelt.

Anders ist es bei Auslesen, Beerenauslesen und Trockenbeerenauslesen, den absoluten Spitzen der deutschen Spezialkreszenzen. Hier ist kein Zeitlimit gesetzlich vorgegeben, nur die Mostgewichte sind allein Maßstab der Prädikatseinstufung. Voraussetzung sind vollreife Trauben, die durch die Sonne langsam rosiniert werden, indem ein Großteil Wasser des Beereninhalts verdunstet. Dies führt automatisch zur Erhöhung der Konzentration aller Inhaltsstoffe der Traube. Daneben ist auch noch der Edelfäulepilz Botrytis cinerea an der Traubenrosinierung beteiligt. Sein Befall erhöht die Beerenoberläche um ein Mehrfaches, wodurch der Verdunstungseffekt gesteigert wird. Zudem ernährt sich der Pilz auch vom Beereninhalt und verbraucht dabei mehr Wasser als Zucker oder andere Substanzen, was zur weiteren Eindickung des Saftes führt. Das ständige Einschrumpfen der Beeren hat einen gewaltigen Mengenverlust zur Folge, der durch die Steigerung der Zucker- und Säurekonzentration in den Trauben wettgemacht wird. Auf diese Art werden die Mostgewichte der Auslesespezialitäten erzielt, die um 100 Grad Oechsle beginnen und extrem schon das Doppelte und Dreifache an Zuckergehalt erreichten. Solch eingetrocknete Beeren sind kaum richtig zu mahlen und zu pressen. Sie müssen meist im eigenen Saft etwas ziehen, um den hochkonzentrierten Saft überhaupt vom Beerenfleisch trennen zu können. Spätere Gärschwierigkeiten infolge der hohen Zuckerkonzentration können weitere Probleme bringen. Der vom Botrytispilz stammende leichte Edelfäuleton in Blume und Geschmack ist hingegen ein gewünschtes Kriterium bei solchen Spezialweinen. Es sei in diesem Fall als Erläuterung der profane Vergleich mit Käsespezialitäten erlaubt, wo ja ebenfalls eine bestimmte Pilzrasse als sorten- und qualitätsbestimmend für manche Käsesorte anzusehen ist.

In der Weinprädikatsaufzählung fehlt jetzt nur noch der "Eiswein", der qualitätsmäßig im Beerenauslesebereich liegen muß. Lediglich sein Ursprung ist etwas anders gepolt. Hier spielt der Edelfäulepilz eine untergeordnete oder gar keine Rolle. Vollreife Trauben sind die Voraussetzung, die bei tiefen Minustemperaturen (mindestens minus acht Grad Celsius) gefroren sind. Das nicht an den Zellsaft organisch gebundene Wasser erstarrt dabei zu Eis, und die Beeren poltern wie Glasklicker in die Kelter. Beim Pressen läuft nur ein dickflüssiger, hochkonzentrierter Saft ab, aus dem der Eiswein gewonnen wird. Dieser physikalische Zustand hält oft nur ganz kurze Zeit an, da das ausgefrorene Wasser bald zu schmelzen beginnt und die Eisweinausbeute damit abgeschlossen ist. Die Frage nach der Rendite solcher Spezialweine stellt man dabei am besten nicht. Sie können das Aushängeschild eines Betriebes sein und sind ruhig als unbezahlbar einzustufen. Trotzdem ist die dabei erzielte Leistung und der Idealismus eines Winzers, der solche Arbeiten und Risiken auf sich nimmt, nicht hoch genug einzustufen. Nicht selten sind solche Eisweine in der normalen Herbstperiode gar nicht zu erzielen, weil die erforderliche Minustemperatur ausbleibt. Ihre Lese fällt dann in den Winter, manchmal sogar in die ersten Monate des Folgejahres, was das Bangen und Hoffen über Monate noch verlängert. Aber das zählt schließlich alles nicht mehr, wenn der Herrgott dann gnädig war und den Eiswein hat entstehen lassen.

Nur eines von vielen Weinfestbildern, die sich im Prinzip alle gleichen: Lustige Menschen im fröhlichen Schulterschluß versammeln sich zum erholsamen Schoppen Wein.

Neuer Wein und Keschte sind eine beliebte, schmackhafte Spezialität von altersher bis heute. Beides verdanken wir den Römern, die Edelkastanien in Weinbergsnähe pflanzten, um geeignetes Holz für das Stützgerüst der Rebstöcke gleich zur Hand zu haben.

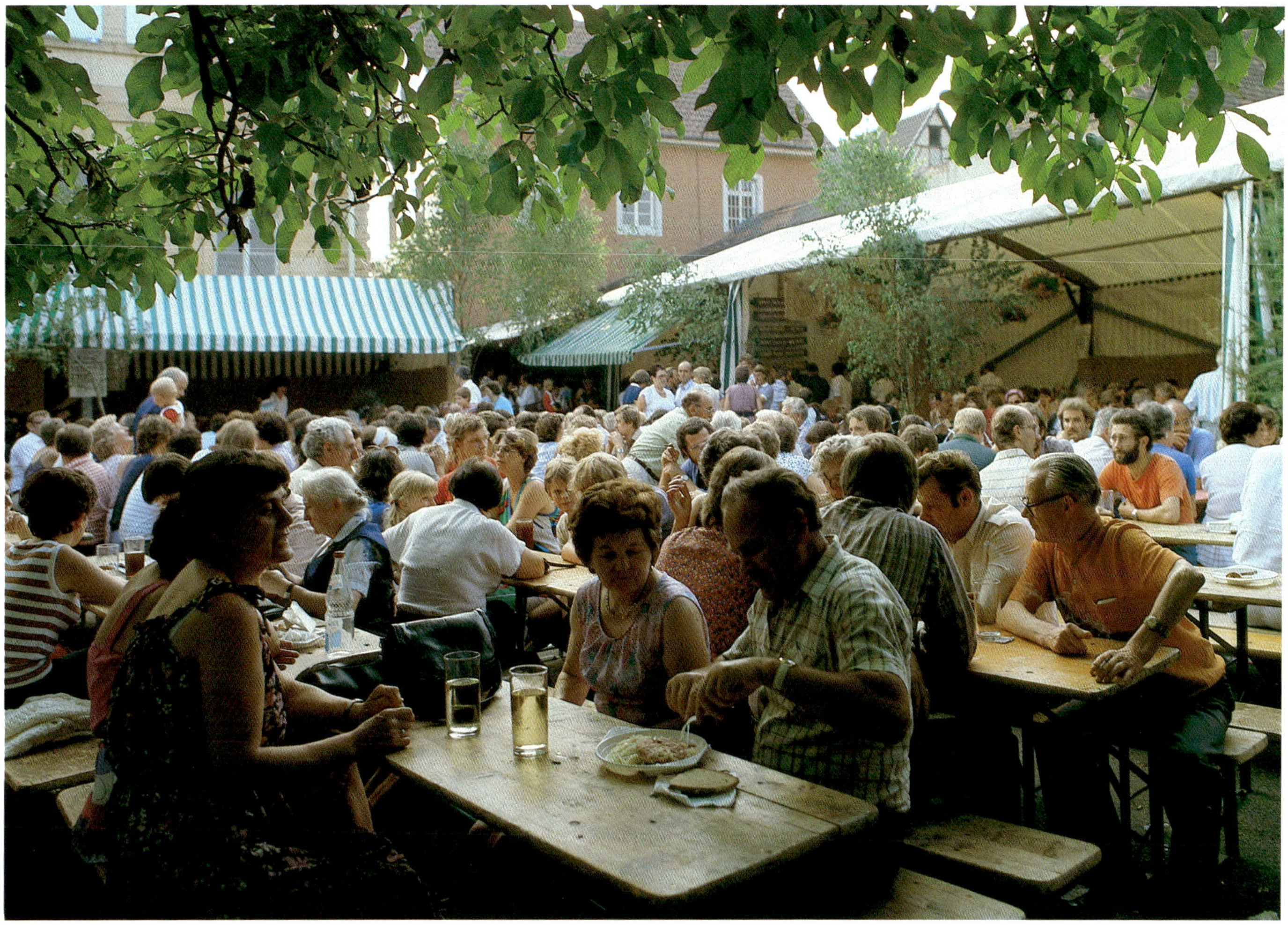

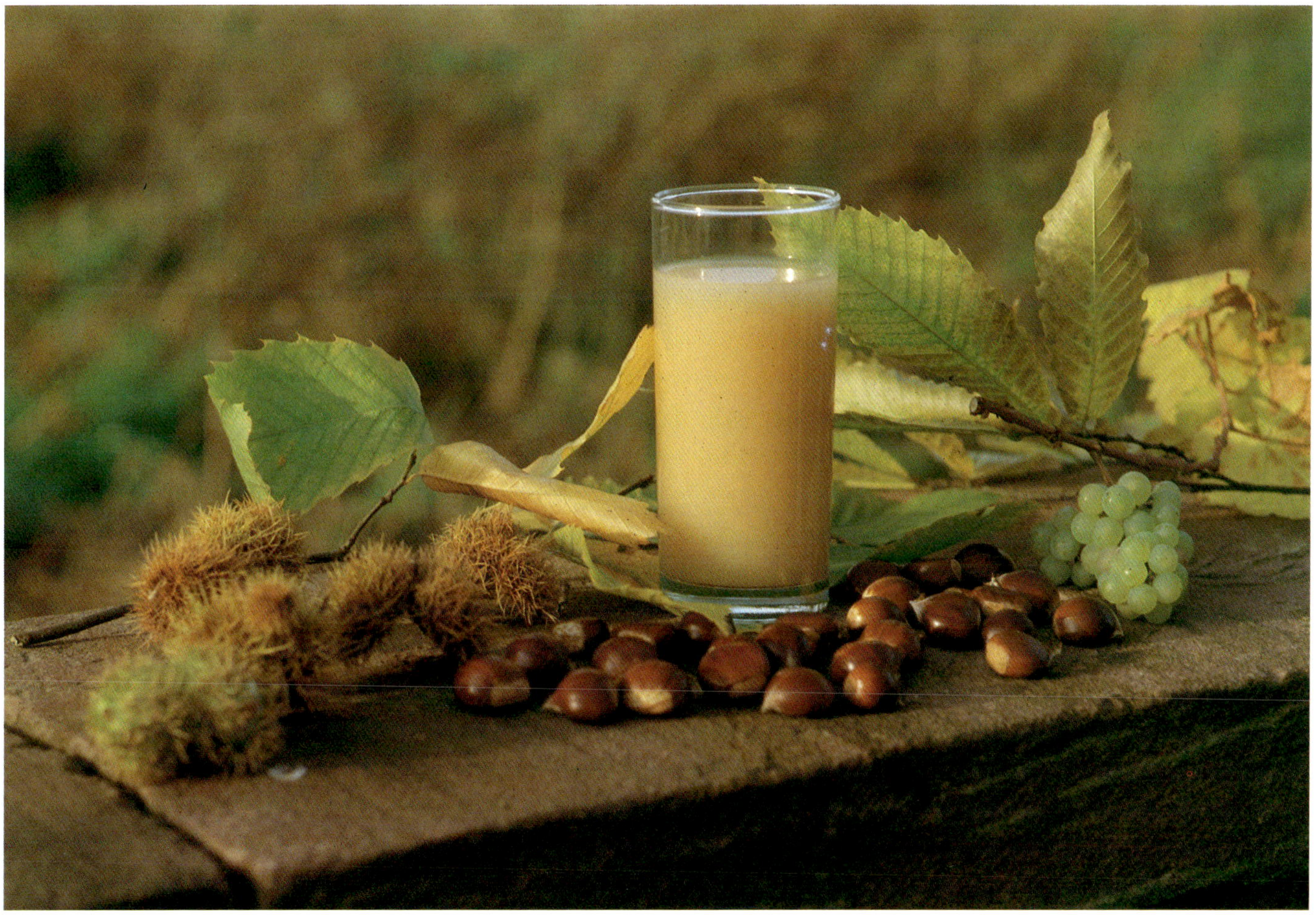

Winter

Den sprichwörtlichen Winterschlaf gibt es sicher bei einigen Lebewesen. Bei Landwirten, Obstbauern und Forstleuten ist dies vielleicht aber nur eine etwas ruhigere Zeit. Beim Winzer ist auch im Winter Saison. Wenn morgens die Fensterläden etwas später aufgemacht werden, wurde zwar ein wenig Licht und Heizung gespart, Arbeit gibt es aber im Winzerbetrieb im Winter in Hülle und Fülle. So sind im Keller die Abstiche vorzunehmen, d.h. der Jungwein wird nach der Vergärung von der Hefe getrennt und muß weiter behandelt werden. Etikettier-, Verpackungs- und Versandarbeiten häufen sich gerade zur Weihnachtszeit. Die ungeliebte Büroarbeit nimmt viele Abende und ganze Wochenenden in Anspruch, wobei aber nicht nur Rechnungen zu schreiben und Ausgaben zu registrieren sind. Die allgegenwärtige Weinkontrolle verlangt, daß das Kellerbuch stets auf dem laufenden sein muß, und die Lager- und Bestandskartei darf auch nicht im Rückstand sein. Für den selbstvermarktenden Winzer heißt das, er muß Kaufmann und Buchhalter zugleich sein, rechnen und kalkulieren können und vom Weingesetz das Durchschnittswissen eines Juraassessors oder gar Rechtsgelehrten besitzen. Daneben müssen die notwendigen Rebschutz-, Dünge- und Pflanzpläne erstellt werden, damit das Geld richtig eingeteilt werden kann und möglichst noch etwas übrig bleibt, um den Maschinen- und Gerätepark instandzusetzen oder zu ergänzen. Diese Arbeiten mit Kopf, Papier und Bleistift rauben nicht selten die Nachtruhe und sind oft "härter wie geschafft", aber eine existenzbedingte Notwendigkeit.

Die winterliche Schneedecke ist ein Schutzbelag auf dem Boden, der ein zu starkes Eindringen des Frostes verhindert und dadurch die Wurzeln der Reben vor dem Erfrieren oder Austrocknen bewahrt.

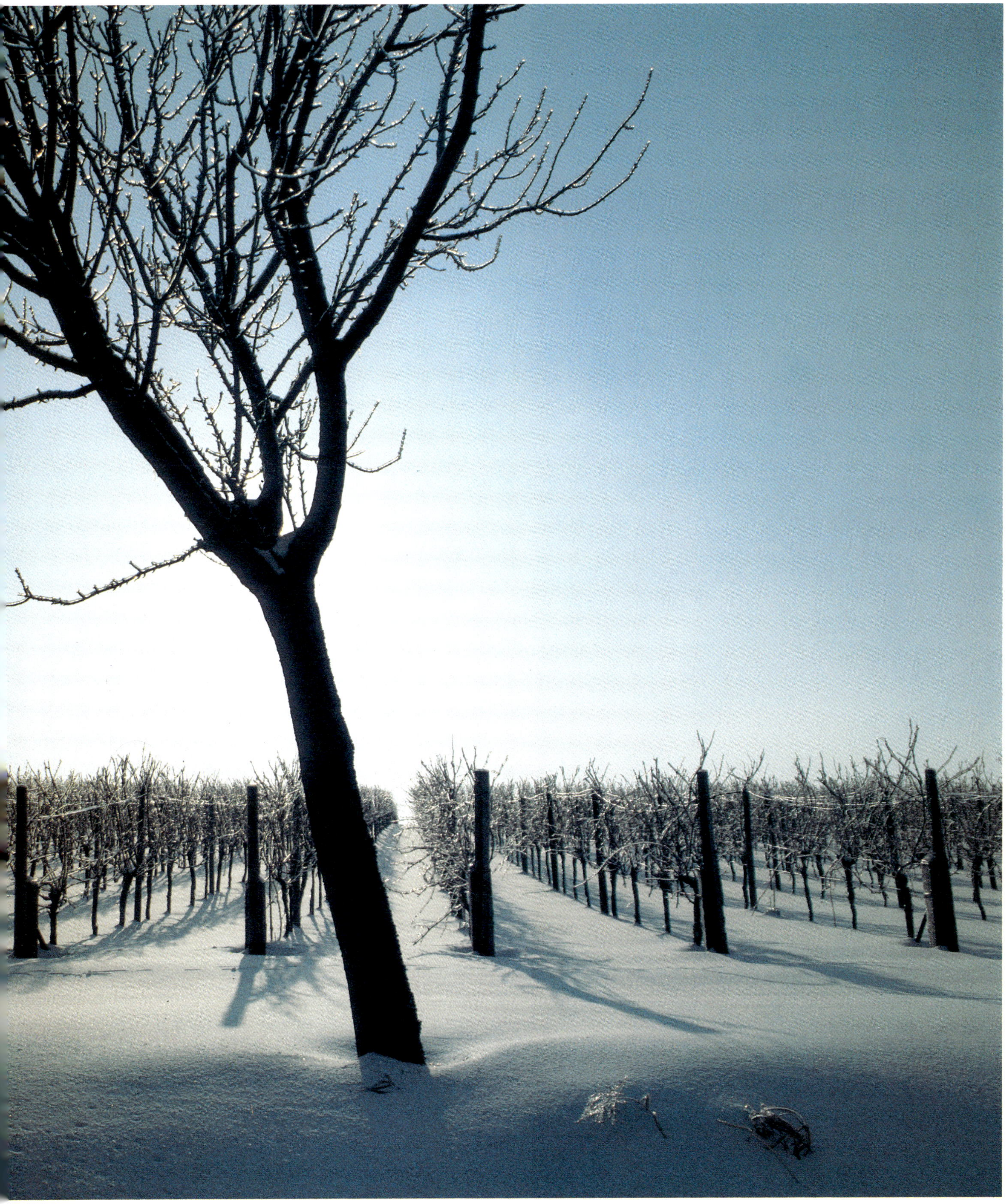

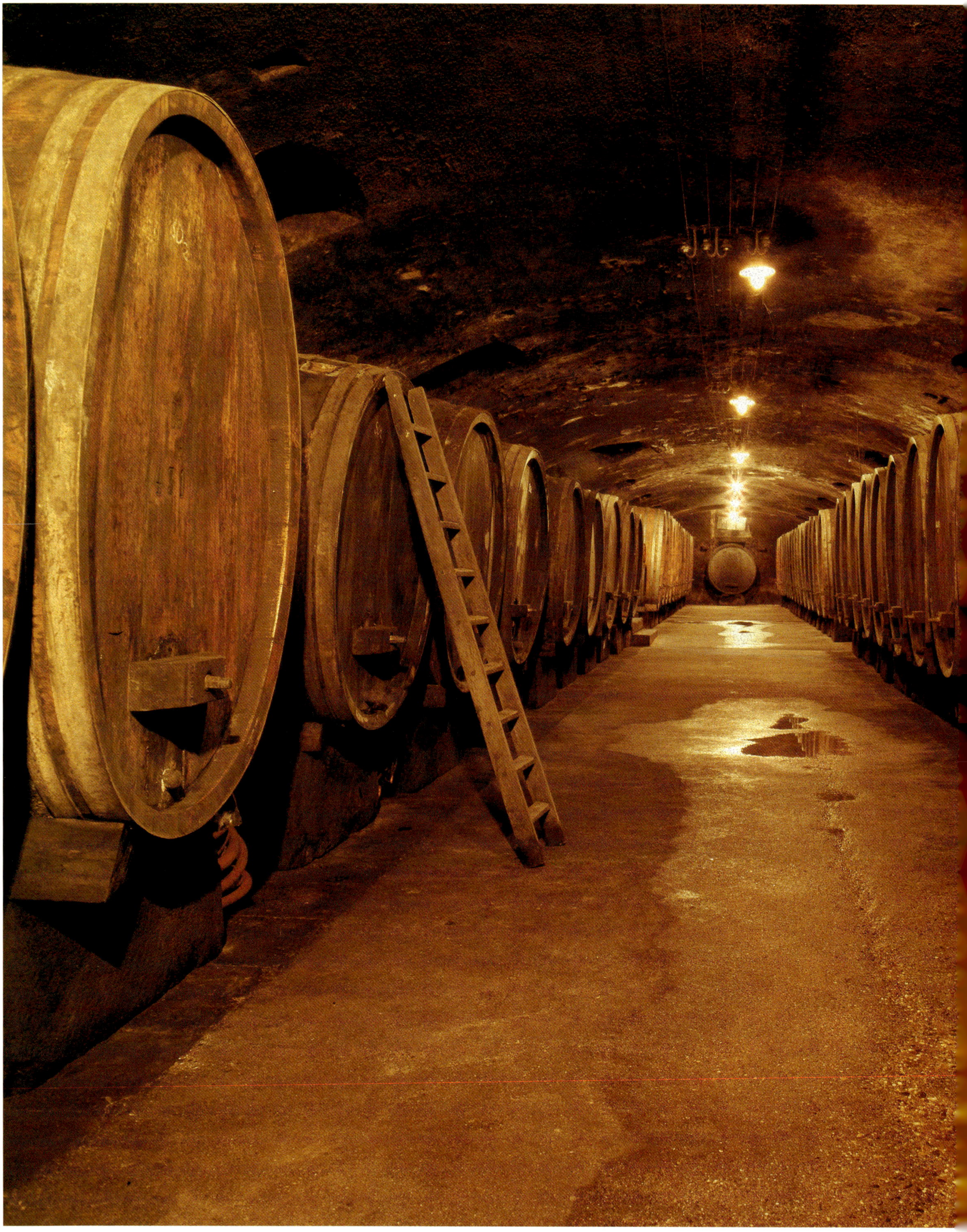

*Es ist nicht nur wichtig, wo der Wein "wohnt", sondern auch wo er aufgewachsen ist. Sein sorgfältiger Umgang mit ihm belohnt er mit bestmöglicher sorten- und jahrgangsgerechter Qualität.
Die alten Eichenfässer haben schon viele Weinjahrzehnte erlebt.*

Kinderstube oder Klassenzimmer der jungen Weine. Der Kellermeister fungiert als Lehrer, hegt und pflegt die einzelnen Jahrgänge und versucht, das Beste aus ihnen zu machen. Der Holzfaßkeller gibt den romantischen Rahmen, wo bei guter Luft und äußerster Sauberkeit der Wein in Ruhe gedeihen und reifen kann.

Das Rebholz muß gesund und gut ausgereift in den Winter gehen, damit es die tiefen Temperaturen ohne Schäden übersteht. Dicke Eispanzer stellen dabei eine besonders starke Belastung dar, weil bei längerer "Eiszeit" die Augen am Holztrieb erstikken können.

Auch viele Freilandarbeiten fallen neben den kellerwirtschaftlichen Aktivitäten in den Wintermonaten an. Die Humusversorgung der Weinberge steht dabei im Mittelpunkt und dient der Erhaltung und Fruchtbarkeit der Böden. Wenn der Boden gefroren ist, wuselt es geradezu in den Gemarkungen von Traktoren, Streu- und Transportwagen, die Stallmist, verrotteten Müll, Baumrinde oder Kompost verschiedenster Art in die Weinberge einbringen. Daneben wird aber gleichzeitig schon mit dem Rebschnitt begonnen, wenn auch die Nase kalt und die Finger vor Kälte oft steif werden.

Das Einbringen und Ausbreiten von Humusmaterial ist eine vordringliche Winterarbeit und dient der Erhaltung der Bodenfruchtbarkeit.

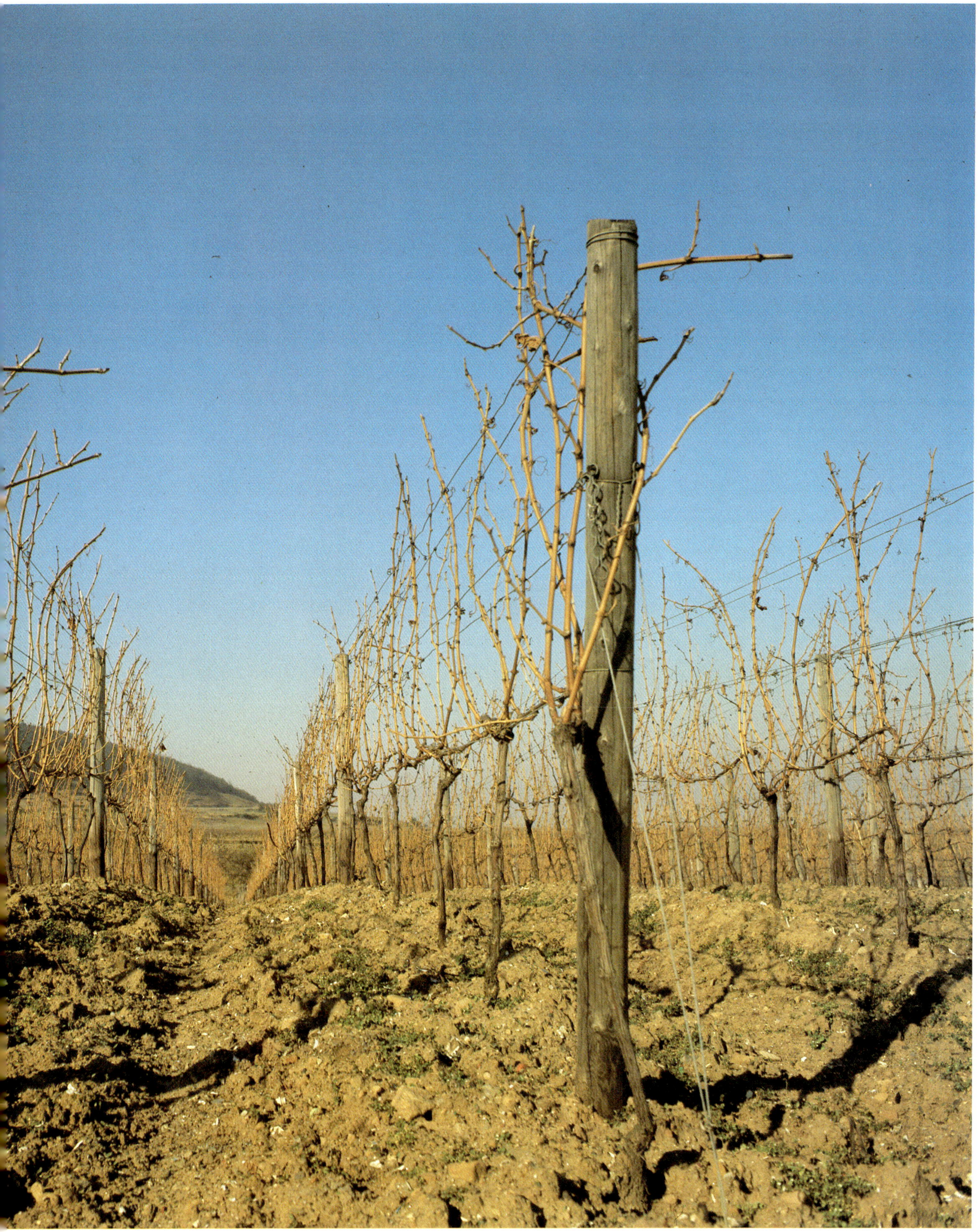

Der Rebschnitt in den Wintermonaten ist die "ewige Handarbeit" und verlangt viel Fachkenntnis, Kreativität und Einfühlungsvermögen. Durch den Schnitt wird der Stock nicht nur in der richtigen Form gehalten, sondern auch verjüngt und fachgerecht aufgebaut. Nicht zuletzt wird dabei die Voraussetzung für die spätere Trauben- und Weinqualität geschaffen.

Zeitlich viel früher als zu Großvaters Zeiten, oft schon im Advent, wird heute mit dem Rebschnitt begonnen. Ursache ist das Fehlen von Hilfskräften und die Tatsache, daß schließlich zum Frühjahrsbeginn diese wichtige Maßnahme erledigt sein muß. Richtige Teamarbeit wird dabei oft beobachtet, wobei der Fachmann oder die Fachfrau meist vorschneidet, den Rebstock mit der Schere verjüngt, ihm Fasson und Ertragskapazität gibt, während ungelernte Kräfte das Holz abnehmen, d.h. aus dem Drahtrahmen herausschneiden und in den Mittelgang werfen. Über 90% des letztjährigen Holzaufwuchses fällt dabei ab und wird meist vor Ort im Weinberg maschinell gehäckselt, verbleibt also als wertvoller Humus in dem Bestand. Diese Art von Recycling ist erst seit einigen Jahrzehnten üblich. Früher wurde das abfallende Holz gebündelt und als "Rewehäselche" im heimischen Ofen verwertet bzw. in der Neuzeit bei Grillparties als Brennmaterial verbraucht. Sicher war es eine Verschwendung, das Holz herauszutragen und dann auf dem Weg sinn- und nutzlos zu verbrennen. Die Rauchfahnen der Rebenfeuer fehlen heute im winterlichen Landschaftsbild, aber der Verbleib des Holzes im Wingert als wertvolles Humusmaterial ist sicher sinnvoller und richtiger, denn schließlich hat es ja viel Geld gekostet und wurde vom Rebstock in monatelanger Arbeit produziert. Trotzdem gibt es Gegner dieser Methode, die beim Rebenhäckseln sagen: "Niemand frißt seinen eigenen Mist", aber mit Sicherheit liegen diese Leute falsch. Der Beweis ist der fruchtbare Waldboden, der ja deswegen so gut, locker und humos ist, weil er seine ganze Struktur und seinen Gehalt dem Baumabfall verdankt, der an Ort und Stelle verbleibt und der Natur zurückgegeben wird.

So ist also der Winter im Weinbaubetrieb eine arbeitsreiche Periode, und wer glaubt, die Natur sei in dieser Zeit tot, der irrt sich gewaltig. Richtig ist, daß bei tiefen Temperaturen der ganze Stoffwechsel der Pflanze sich verlangsamt und quasi in einen Schlafrhythmus übergeht. Aber so wie der Apfel auf dem Lager atmet und dabei Zucker abbaut und CO_2 von sich gibt, atmen auch alle Holzgewächse, zu denen der Rebstock ja auch zählt, nur eben ganz sachte (doucement) mit niedrigerer Frequenz, aber trotzdem ununterbrochen. Dieser Zustand kommt einem Ausruhen gleich, bei dem Kräfte gesammelt werden, um nach dieser Phase wieder voll treiben, wachsen, blühen und Früchte tragen zu können. Aus dem sanften, lebensbeweisenden Atmen wird dann wieder ein kräftiges Schnaufen, das mit voller Wucht acht bis neun Monate anhält, bis wieder die Ruhezeit eintritt, die aber nicht identisch ist mit einem Todesschlaf. Erklärend sei hierzu auch vermerkt, daß fälschlicherweise bei Reben oft von totem Holz in der Winterruhe gesprochen wird, das aber in Wirklichkeit lebendig ist und zudem noch einen Wassergehalt zwischen 45 und 50% enthält. Diese Tatsache stellt bei extrem kalten und langen Wintern zweifellos ein Kriterium der Frosthärte dar. Ist nämlich der Holzmantel zu dünn, dann kann ab dem Temperaturbereich von minus 18 bis minus 20 Grad Celsius der Trieb platzen, wie eine Wasserleitung bei Kälte aufreißt, wenn sie nicht ganz entleert ist. Ein so aufgesprungenes Holz trocknet aus und ist schließlich dann wirklich tot, wie z. B. auch totes Holz, das nicht ausgereift ist und keine lebendigen Zellen mehr hat. Ist ein dicker Holz-Mantel vorhanden, sind Frostrisse am Holz oder erfrorene Augen am Trieb weniger zu befürchten, da das Luftpolster der Schneeflocken eine gute Wärmeisolierung ergibt und wie ein dickes Plumeau die Kälte von tieferem Eindringen abhält. Anders freilich ist es bei einem dickeren Eisüberzug auf dem Holz, der nach drei bis vier Tagen die Augen unter dem gefrorenen Wasserpanzer zum Ersticken bringt. Auch dieser Vorgang bestätigt, daß die überwinternden Holzteile atmen müssen und im Verhinderungsfall im eigenen Kohlendioxydgas ersticken bzw. sich dann sogar selbst vergiften.

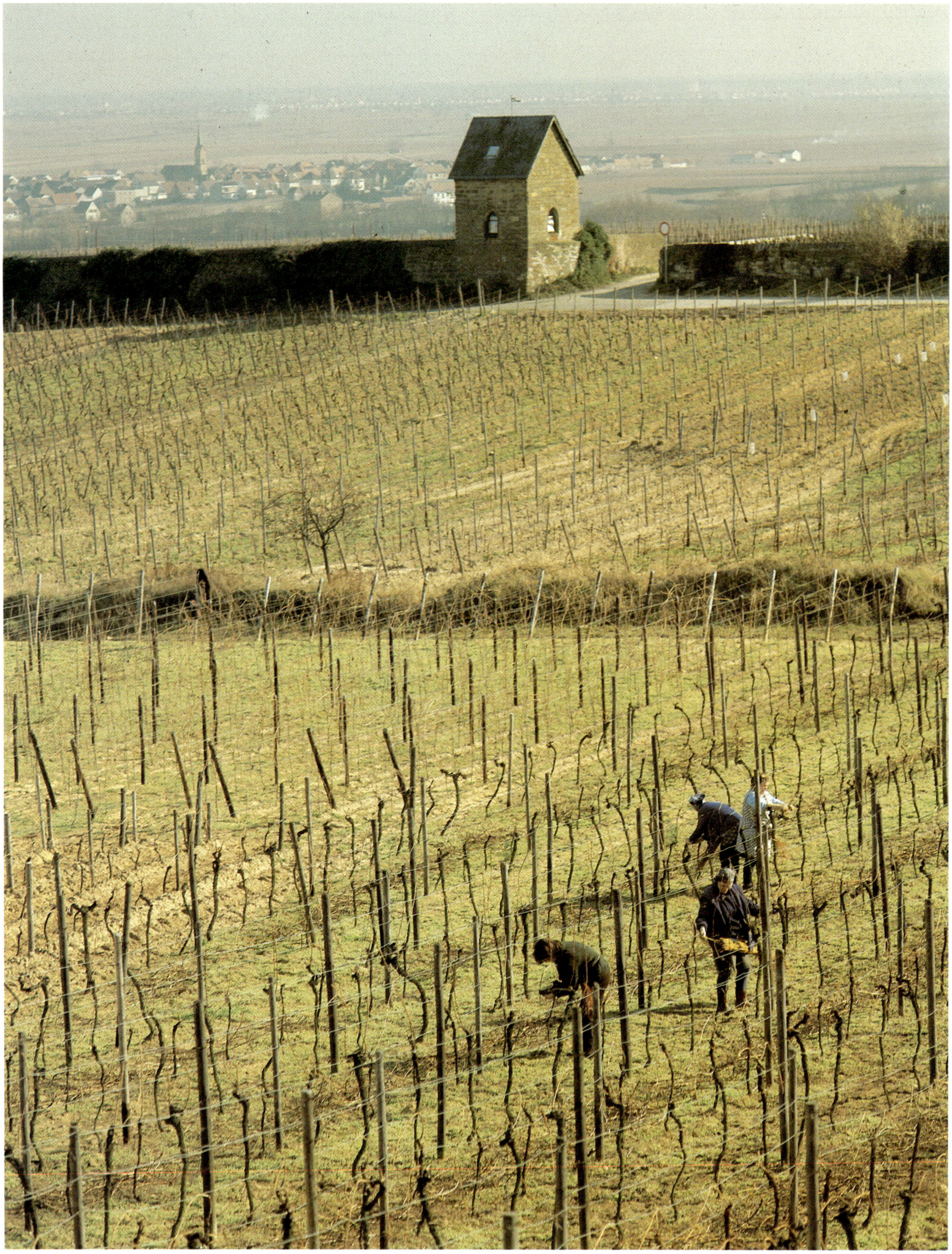

Wie der Wachturm einer Befestigungsanlage steht das Wingertshäuschen über den Weinbergen, um die Menschen bei der Arbeit und die Rebstöcke zu schützen.

Holz, das Augen- und Triebanlage trägt, ist also nichts Totes, sondern lebt und verkörpert vielmehr die Endstufe einer biologischen Reihe, die mit der Assimilation des grünen Blattes beginnt. In der ersten Stufe dieser sogenannten Photosynthese entsteht dabei Zucker, der sich nach einiger Zeit unter Absonderung von Wasser in Stärke verwandelt, aus der die wiederum wasserärmere Zellulose entsteht. Bei weiterer Wasserabspaltung geht die Zellulose in Lignin, also Holz über.

Die biologische Reihe
      Zucker – Stärke – Zellulose – Holz
hat als Nebenkette
      Eiweiß – Fette – Öle – Vitamine – Fermente.

Aus den Abstammungen dieser biologischen Reihe entstehen also die oben genannten Lebenselixiere, die aber ausnahmslos zurückzuführen sind auf den Ursprung der Assimilation der Zuckerbildung. Dieser Vorgang ist nur in der grünen Pflanze im Beisein von dem Naturfarbstoff Chlorophyll bei ausreichender Wärme 674 kcal und bei Vorhandensein von direktem Sonnenlicht möglich. Fehlt irgendein Faktor dieser Reihe, unterbleibt die sogenannte Assimilation, also die Zuckerbildung. Das alles ist ja jedem längst bekannt und im Naturkundeunterricht sicher gelernt worden. Vielleicht ist es aber mit vielem Wissen und Denken, das in unserem Kopf gespeichert wird, zugedeckt und untergegangen. Der Winzer, der mit seinem Rebstock auf Du und Du steht, sollte dieses Grundlagenwissen jedoch schon besitzen. Nicht nur die pflanzenfressenden Wesen schöpfen aus diesem Naturereignis ihre Kraft, sondern auch die Fleischfresser, die ihre Energie vom Eiweiß beziehen, das aber auch einmal zuvor aus Kohlehydraten (Zucker, Stärke, Fette etc.) entstanden ist.

Zum Thema "Frosthärte" noch einige Erläuterungen, die auch ein Laie ruhig hören darf und der Winzer intus haben soll. Frostharte und frostempfindliche Sorten unterscheiden sich bei den Holzgewächsen, also auch bei den Reben, nicht nur durch die Dicke des Holzmantels und den Wassergehalt des Markes und der Markstrahlen, sondern auch durch rein biologische, also biochemische Vorgänge in der Pflanze selbst. So lagert sich durch die ständige Zuckerbildung im Holz des Rebstockes Stärke ab, die um die Zeit des Blattfalles etwa im November ihre höchste Kapazität erreicht. Beim Absinken der Temperatur bei Winteranfang im Dezember wird ein Teil der Stärke wieder in Zucker zurückgebildet und bleibt in dieser Form im Zellsaft gelöst. Dies ist vergleichbar mit Kartoffeln, die Frost abbekommen haben und dann plötzlich süß schmekken, weil der Kälteschock die Stärke in Zucker zurückgeführt hat. Der im Saft der Rebe gelöste Zucker erniedrigt aber den Gefrierpunkt der Zellflüssigkeit und stärkt dadurch die Frosthärte. Im Vergleich dazu ist ja jedem bekannt, daß Wasser bei Null Grad Celsius gefriert, während Zucker- oder Salzwasser je nach Konzentration erst bei viel tieferen Temperaturen gefriert. Die Zuckerkonzentration des Zellsaftes bestimmt also dessen Gefrierpunkt und ist ein bedeutendes Kriterium der Frosthärte. Die einzelnen Rebsorten unterscheiden sich in der Fähigkeit der Stärke-Zucker–Rückbildung, was den Faktor Kälteresistenz schließlich bestimmt. Das heißt, der Riesling kann im Dezember mehr und schneller Zucker aus Säure bilden und ist daher frosthärter als z. B. der Silvaner, Müller-Thurgau oder Portugieser. Umgekehrt wird im Februar/März wieder ein großer Teil des gelösten Zukkers in Stärke umgewandelt, wodurch automatisch die Frostwiderstandsfährigkeit zurückgeht. Da dieser Vorgang naturbedingt und von uns nicht steuerbar ist, sind plötzliche Wintereinbrüche im Februar oder gar März besonders gefürchtet, weil sie mehr Frostschaden bringen als dieselben Tieftemperaturen im Dezember/Januar verursacht hätten. Die Ursache dieser Vorgänge ist nicht völlig erklärbar und daher von Gott gegeben. Was ein Glück, daß es noch etwas zu erforschen gibt und wir Menschen nicht alles steuern können. Dies gilt vor allem für das Wetter – sonst gäbe es am Ende gar keines mehr!
Wenn auch keine Blätter und Trauben an den Rebstökken sind, ist ein Winterspaziergang durch die Weinberge doch erholsam und schön. Er läßt die durch die Wingertszeilen gegebene Ordnung der Landschaft klar erkennen. Die von der Verankerung über die Stützpfähle laufenden Wingertsdrähte wirken wie Notenzeilen, die nur darauf warten, Trauben zu tragen, die in einem neuen Jahrgang den Ton angeben.

Eine Weinbaulandschaft ist auch in der vegetationslosen Zeit durch ihre Ordnung und graphische Gestaltung überaus reizvoll.